新手创业指南系列

从零开始
学股权设计

架构·激励·分配·转让

新创企业管理培训中心 —————— 编

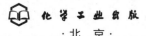
化学工业出版社
·北京·

内容简介

《从零开始学股权设计：架构·激励·分配·转让》一书主要包括企业组织形式与内部治理结构、股权概述、股权架构概述、股权架构设计要素、股权架构设计风险防范、股权激励概述和股权激励方案设计等内容。

本书采用模块化设置，内容实用性强，着重突出可操作性，是一本实用的股权设计、股权激励的相关指导手册和入门工具书。本书可供有志于创业的毕业生、职场人士阅读，以期为读者所创办的公司、企业进行有针对性的管理、业绩提升提供指导和帮助！

图书在版编目（CIP）数据

从零开始学股权设计：架构·激励·分配·转让 /
新创企业管理培训中心编 . —北京：化学工业出版社，
2023.8
（新手创业指南系列）
ISBN 978-7-122-43494-4

Ⅰ.①从…　Ⅱ.①新…　Ⅲ.①股权管理　Ⅳ.
①F271.2

中国国家版本馆 CIP 数据核字（2023）第 086989 号

责任编辑：陈　蕾　　　　　　　　　　　装帧设计：溢思视觉设计／程超
责任校对：宋　玮　　　　　　　　　　　　　　　　E-mail: isstudio@126.com

出版发行：化学工业出版社（北京市东城区青年湖南街13号　邮政编码100011）
印　　装：三河市双峰印刷装订有限公司
787mm×1092mm　1/16　印张11¾　字数225千字　2024年3月北京第1版第1次印刷

购书咨询：010-64518888　　　　　　售后服务：010-64518899
网　　址：http://www.cip.com.cn
凡购买本书，如有缺损质量问题，本社销售中心负责调换。

定　　价：68.00元　　　　　　　　　　　　　　　　版权所有　违者必究

随着社会经济的不断发展以及"大众创业"观念的深入人心，越来越多的人选择自主创业。然而新手在创业过程中的资金往往会比较少，许多人都想寻找白手起家的创业点子。

创业已经成了大家最为关注的热门话题之一，越来越多的人踏上自主创业的道路。创业是创造财富的途径之一，不仅能使创始人收获巨大的个人财富，还能使社会的总体财富增值。然而创业并不容易！

如今，创业机会众多，创业前景广阔，随着青年创业意识的觉醒和国家相关政策的大力扶持，更多的青年人投身到创业活动中。

几乎所有的创业者在创业初期都是新手。那么新手该怎样开始创业，创业过程中要注意些什么呢？新手创业要做的是收集信息、寻找资源、调整心态，要掌握注册登记、运营管理、财税管理、法律事务等相关知识。

创业不是一个暂时的想法，而是一场长期的心理战。创业之前，创业者应该做好打持久战的准备，找到合适的项目，整合自己的资源，大胆尝试。创业时，也要为生活质量和生活水平下降做好准备。

一个创业者应该从创业起步准备、寻找合伙人、组建团队、融资、分配股权，以及开发客户、保持利润增长、规避法律风险、化解危机等多方面去考虑。

基于此，我们组织编写了《从零开始学股权设计：架构•激励•分配•转让》一书，主要包括企业组织形式与内部治理结构、股权概述、股权架构概述、股权架构设计要素、股权架构设计风险防范、股权激励概述和股权激励方案设计等内容。

本书采用模块化设置，着重突出可操作性，是一本非常实用的指导手册和入门工具书。可供立志于创业的毕业生、职场人士阅读，为其对所创办的公司进行针对性的管理、提升业绩提供指导和帮助！

由于笔者水平有限，书中难免出现疏漏之处，敬请读者批评指正。

编　者

目录
CONTENTS

第七章

**股权激励
方案设计**

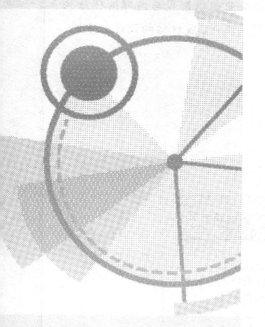

第一章

企业组织形式与
内部治理结构

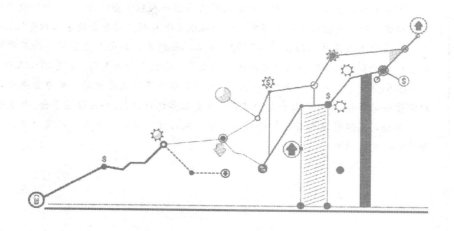

⇨ 速成指引

在学习股权设计之前，我们最好先熟悉常见的企业组织形式与内部治理结构这两个知识点。不同的企业组织形式，其内部治理结构不同，股权结构设计也不同。

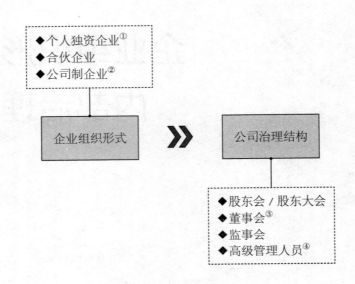

图示说明：

①个人独资企业是指依照《中华人民共和国个人独资企业法》，在中国境内设立，由一个自然人投资，财产为投资人个人所有，投资人以其个人财产对企业债务承担责任的经营实体。

②《中华人民共和国公司法》第一章第二条规定，公司是指依照本法在中国境内设立的有限责任公司和股份有限公司。公司是企业法人，有独立的法人财产，享有法人财产权。

③根据《中华人民共和国公司法》第四章第三节的相关规定，董事会是由董事组成的，对内掌管公司事务，对外代表公司的经营决策和业务执行机构；公司设董事会，由股东（大）会选举。

④公司高级管理人员是指公司的经理、副经理、财务负责人，以及上市公司董事会秘书和公司章程规定的其他人员。

第一节　企业组织形式

企业组织形式指企业存在的形态和类型，是企业财产及社会化大生产的组织状态，它表明一个企业的财产构成、内部分工协作与外部社会经济联系的方式，主要有个人独资企业、合伙企业和公司制企业三种形式。

一、个人独资企业

（一）设立性质

根据《中华人民共和国个人独资企业法》（以下简称《个人独资企业法》）第二条的规定，个人独资企业是指依照本法在中国境内设立，由一个自然人投资，财产为投资人个人所有，投资人以其个人财产对企业债务承担责任的经营实体。

（二）设立条件

根据《个人独资企业法》第十条的规定，设立个人独资企业应当具备图1-1所示的条件。

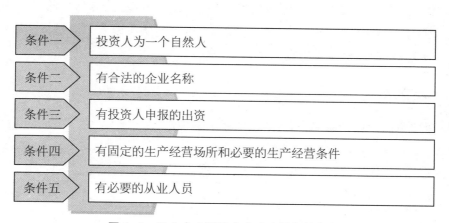

条件一	投资人为一个自然人
条件二	有合法的企业名称
条件三	有投资人申报的出资
条件四	有固定的生产经营场所和必要的生产经营条件
条件五	有必要的从业人员

图1-1　设立个人独资企业应当具备的条件

（三）投资人及事务管理

《个人独资企业法》第十七条规定，个人独资企业投资人对本企业的财产依法享有所有权，其有关权利可以依法进行转让或继承。

《个人独资企业法》第十八条规定，个人独资企业投资人在申请企业设立登记时明确以其家庭共有财产作为个人出资的，应当依法以家庭共有财产对企业债务承担责任。

《个人独资企业法》第十九条规定，个人独资企业投资人可以自行管理企业事务，也可以委托或者聘用其他具有民事行为能力的人负责企业的事务管理。投资人委托或者聘用他人管理个人独资企业事务，应当与受托人或者被聘用的人员签订书面合同，明确委托的具体内容和授予的权利范围。受托人或者被聘用的人员应当履行诚信、勤勉义务，按照与投资人签订的合同负责个人独资企业的事务管理。

（四）债务承担方式

《个人独资企业法》第二十八条规定，个人独资企业解散后，原投资人对个人独资企业存续期间的债务仍应承担偿还责任，但债权人在五年内未向债务人提出偿债请求的，该责任消灭。

《个人独资企业法》第三十一条规定，个人独资企业财产不足以清偿债务的，投资人应当以其个人的其他财产予以清偿。

二、合伙企业

（一）设立性质

根据《中华人民共和国合伙企业法》（以下简称《合伙企业法》）第二条的规定，合伙企业是指自然人、法人和其他组织依照本法在中国境内设立的普通合伙企业和有限合伙企业。其中，有限合伙企业由二个以上五十个以下合伙人设立；但是，法律另有规定的除外。有限合伙企业至少应当有一个普通合伙人。

（二）设立条件

设立普通合伙企业，应当具备图 1-2 所示的条件。

条件一	有二个以上合伙人。合伙人为自然人的，应当具有完全民事行为能力
条件二	有书面合伙协议
条件三	有合伙人认缴或者实际缴付的出资
条件四	有合伙企业的名称和生产经营场所
条件五	法律、行政法规规定的其他条件

图 1-2　设立普通合伙企业的条件

（三）出资方式

1. 普通合伙企业

合伙人可以用货币、实物、知识产权、土地使用权或者其他财产权利出资，也可以用劳务出资。合伙人以实物、知识产权、土地使用权或者其他财产权利出资，需要评估作价的，可以由全体合伙人协商确定，也可以由全体合伙人委托法定评估机构评估。合伙人以劳务出资的，其评估办法由全体合伙人协商确定，并在合伙协议中载明。

合伙人应当按照合伙协议约定的出资方式、数额和缴付期限，履行出资义务。以非货币财产出资的，依照法律、行政法规的规定，需要办理财产权转移手续的，应当依法办理。

2. 有限合伙企业

有限合伙人可以用货币、实物、知识产权、土地使用权或者其他财产权利作价出资。有限合伙人不得以劳务出资。有限合伙人应当按照合伙协议的约定按期足额缴纳出资；未按期足额缴纳的，应当承担补缴义务，并对其他合伙人承担违约责任。

（四）债务承担方式

1. 普通合伙企业

普通合伙企业由普通合伙人组成，合伙人对合伙企业债务承担无限连带责任。《合伙企业法》对普通合伙人承担责任的形式有特别规定的，从其规定。

2. 有限合伙企业

有限合伙企业由普通合伙人和有限合伙人组成，普通合伙人对合伙企业债务承担无限连带责任，有限合伙人以其认缴的出资额为限对合伙企业债务承担责任。

有限合伙人的自有财产不足清偿其与合伙企业无关的债务的，该合伙人可以以其从有限合伙企业中分取的收益用于清偿；债权人也可以依法请求人民法院强制执行该合伙人在有限合伙企业中的财产份额用于清偿。

人民法院强制执行有限合伙人的财产份额时，应当通知全体合伙人。在同等条件下，其他合伙人有优先购买权。

三、公司制企业

（一）公司的性质

《中华人民共和国公司法》（以下简称《公司法》）第三条规定，公司是企业法人，有独立的法人财产，享有法人财产权。公司以其全部财产对公司的债务承担责任。

（二）公司法定代表人

公司法定代表人依照公司章程的规定，由董事长、执行董事或者经理担任，并依法登记。公司法定代表人变更，应当办理变更登记。

（三）公司的分类

《公司法》第二条规定，公司是指依照本法在中国境内设立的有限责任公司和股份有限公司。

1. 有限责任公司

有限责任公司简称有限公司，是指根据《公司法》及《中华人民共和国市场主体登记管理条例》（以下简称《市场主体登记管理条例》）规定登记注册，由五十个以下股东出资设立，每个股东以其所认缴的出资额为限对公司承担责任，公司以其全部资产对公司债务承担全部责任的经济组织。

2. 股份有限公司

股份有限公司是指根据《公司法》及《市场主体登记管理条例》规定登记注册，应当有二人以上二百人以下为发起人出资设立，每个股东以其所认购的股份为限对公司承担责任，公司以其全部资产对公司债务承担全部责任的经济组织。

（四）有限责任公司的设立

1. 设立条件

根据《公司法》第二十三条的规定，设立有限责任公司，应当具备图1-3所示的条件。

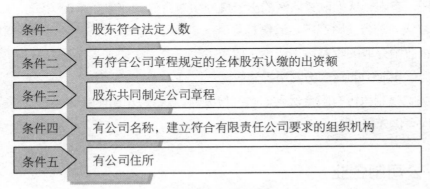

条件一	股东符合法定人数
条件二	有符合公司章程规定的全体股东认缴的出资额
条件三	股东共同制定公司章程
条件四	有公司名称，建立符合有限责任公司要求的组织机构
条件五	有公司住所

图1-3　设立有限责任公司的条件

2. 出资方式

《公司法》第二十七条规定，股东可以用货币出资，也可以用实物、知识产权、土地使用权等可以用货币估价并可以依法转让的非货币财产作价出资；但是，法律、行政法规规定不得作为出资的财产除外。对作为出资的非货币财产应当评估作价，核实财产，不得高估或者低估作价。法律、行政法规对评估作价有规定的，从其规定。

（五）股份有限公司的设立

1. 设立条件

根据《公司法》第七十六条、第七十八条的规定，设立股份有限公司，应当具备图1-4所示的条件。

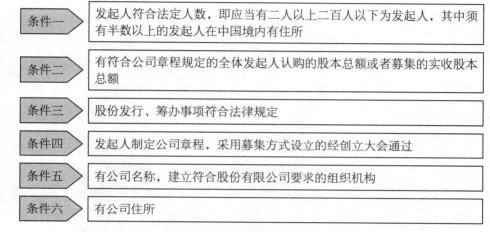

条件一　发起人符合法定人数，即应当有二人以上二百人以下为发起人，其中须有半数以上的发起人在中国境内有住所

条件二　有符合公司章程规定的全体发起人认购的股本总额或者募集的实收股本总额

条件三　股份发行、筹办事项符合法律规定

条件四　发起人制定公司章程，采用募集方式设立的经创立大会通过

条件五　有公司名称，建立符合股份有限公司要求的组织机构

条件六　有公司住所

图 1-4　股份有限公司设立的条件

2. 设立方式

根据《公司法》第七十七条的规定，股份有限公司的设立，可以采取发起设立或者募集设立的方式，具体如图1-5所示。

是指由发起人认购公司应发行的全部股份而设立公司

发起设立　募集设立

是指由发起人认购公司应发行股份的一部分，其余股份向社会公开募集或者向特定对象募集而设立公司

图 1-5　股份有限公司设立的方式

3. 注册资本

《公司法》第八十条规定，股份有限公司采取发起设立方式设立的，注册资本为在公司登记机关登记的全体发起人认购的股本总额。在发起人认购的股份缴足前，不得向他人募集股份。股份有限公司采取募集方式设立的，注册资本为在公司登记机关登记的实收股本总额。法律、行政法规以及国务院决定对股份有限公司注册资本实缴、注册资

本最低限额另有规定的，从其规定。

4. 发起人的出资方式

发起人可以用货币出资，也可以用实物、知识产权、土地使用权等可以用货币估价并可以依法转让的非货币财产作价出资；但是，法律、行政法规规定不得作为出资的财产除外。

对作为出资的非货币财产应当评估作价，核实财产，不得高估或者低估作价。法律、行政法规对评估作价有规定的，从其规定。

 **相关链接**

不同企业组织形式的对比

不同类型的企业，其企业性质、地位、责任承担和法律风险不同。下表所示的是不同企业组织形态的对比。

不同企业组织形态的对比

企业类型	设立人数要求	税缴纳要求	法律责任
个人独资企业	一个自然人	只缴纳个人所得税	原则上以个人财产对企业债务承担责任
普通合伙企业	1. 有两个以上合伙人 2. 合伙人为自然人的，应当具有完全民事行为能力	只缴纳个人所得税	合伙人对合伙企业债务承担连带责任
有限合伙企业	1. 二个以上五十个以下合伙人 2. 至少应当有一个普通合伙人	只缴纳个人所得税	1. 普通合伙人对合伙企业债务承担无限连带责任 2. 有限合伙人以其认缴的出资额为限对合伙企业债务承担责任
一人有限责任公司	只有一个自然人或者一个法人股东	缴纳个人所得税和企业所得税	1. 股东不能证明公司财产独立于股东自己的财产的，应当对公司债务承担连带责任 2. 公司以其全部财产对公司的债务承担责任
有限责任公司	股东人数要求五十人以下	缴纳个人所得税和企业所得税	1. 股东以其认缴的出资额为限对公司承担责任 2. 公司以其全部财产对公司的债务承担责任
股份有限公司	有二人以上二百人以下为发起人，其中有半数以上的发起人在中国境内有住所	缴纳个人所得税和企业所得税	1. 股东以其认购的股份为限对公司承担责任 2. 公司以其全部财产对公司的债务承担责任

第二节 公司治理结构

所谓公司治理结构，是指为实现资源配置的有效性，所有者（股东）对公司的经营管理和绩效进行监督、激励、控制和协调的一整套制度安排。根据国际惯例，规模较大的公司，其内部治理结构通常由股东会、董事会、监事会和高级管理人员组成，他们依据法律赋予的权利、责任、利益，分工协作，并相互制衡。

一、股东会 / 股东大会

（一）有限责任公司股东会

1. 股东会的人数

有限责任公司股东会由全体股东组成。根据《公司法》的规定，有限责任公司由五十个以下股东出资设立，因此，有限责任公司的股东人数在五十人以下。

2. 股东会的会议

根据《公司法》第三十九条的规定，股东会会议分为定期会议和临时会议。定期会议应当依照公司章程的规定按时召开。代表 1/10 以上表决权的股东，1/3 以上的董事，监事会或者不设监事会的公司的监事提议召开临时会议的，应当召开临时会议。

事实上，多数公司定期会议的次数是有限的，公司在经营中遇到的必须由股东会进行决策的问题，多是通过召开临时会议解决的。

3. 股东会的职权

股东会是公司的权力机构。根据《公司法》第三十七条的规定，股东会行使图 1-6 所示的职权。

职权一	决定公司的经营方针和投资计划
职权二	选举和更换非由职工代表担任的董事、监事，决定有关董事、监事的报酬事项
职权三	审议批准董事会的报告
职权四	审议批准监事会或者监事的报告

图 1-6

职权五	审议批准公司的年度财务预算方案、决算方案
职权六	审议批准公司的利润分配方案和弥补亏损方案
职权七	对公司增加或者减少注册资本作出决议
职权八	对发行公司债券作出决议
职权九	对公司合并、分立、解散、清算或者变更公司形式作出决议
职权十	修改公司章程
职权十一	公司章程规定的其他职权

图 1-6　有限责任公司股东会的职权

> **小提示**
>
> 《公司法》规定的必须由股东会行使的职权，是不可以转授给董事会或其他机构的。

（二）股份有限公司股东大会

1. 股东大会的人数

根据《公司法》第九十八条的规定，股份有限公司的股东大会由全体股东组成。

股份有限公司的设立方式分为两种，一种是发起设立，一种是募集设立。根据《公司法》规定，设立股份有限公司的，应当有二人以上二百人以下为发起人，其中半数以上的发起人在中国境内有住所。因此，发起设立的股份有限公司，股东人数在二人至二百人之间，而募集设立的股份有限公司，股东人数并不受此限制。

2. 股东大会的会议

股份有限公司的股东大会，分为年度股东大会和临时股东大会。根据《公司法》第一百条的规定，股东大会应当每年召开一次年会。有图 1-7 所示情形之一的，应当在两个月内召开临时股东大会。

情形一	董事人数不足本法规定人数或者公司章程所定人数的 2/3 时
情形二	公司未弥补的亏损达实收股本总额 1/3 时
情形三	单独或者合计持有公司 10% 以上股份的股东请求时

情形四	董事会认为必要时
情形五	监事会提议召开时
情形六	公司章程规定的其他情形

图 1-7　在两个月内召开临时股东大会的情形

3. 股东大会的职权

根据《公司法》第九十九条的规定，有限责任公司股东会职权的规定，适用于股份有限公司股东大会。

二、董事会

（一）有限责任公司董事会

1. 董事会的人数

根据《公司法》第四十四条的规定，有限责任公司设董事会，其成员为三人至十三人；但是，股东人数较少或者规模较小的有限责任公司，可以设一名执行董事，不设董事会。董事会设董事长一人，可以设副董事长。董事长、副董事长的产生办法由公司章程规定。

2. 董事会会议

《公司法》并没有强制规定有限责任公司董事会每年度召开的次数，董事会可以根据本公司章程的规定，召开定期或临时会议。

3. 董事会的职权

根据《公司法》第四十六条的规定，董事会对股东会负责，行使图 1-8 所示的职权。

职权一	召集股东会会议，并向股东会报告工作
职权二	执行股东会的决议
职权三	决定公司的经营计划和投资方案
职权四	制定公司的年度财务预算方案、决算方案
职权五	制定公司的利润分配方案和弥补亏损方案
职权六	制定公司增加或者减少注册资本以及发行公司债券的方案

图 1-8

职权七	制定公司合并、分立、解散或者变更公司形式的方案
职权八	决定公司内部管理机构的设置
职权九	决定聘任或者解聘公司经理及其报酬事项，并根据经理的提名决定聘任或者解聘公司副经理、财务负责人及其报酬事项
职权十	制定公司的基本管理制度
职权十一	公司章程规定的其他职权

图 1-8　有限责任公司董事会的职权

（二）股份有限公司董事会

1. 董事会的人数

根据《公司法》第一百零八条的规定，股份有限公司设董事会，其成员为五人至十九人。

根据《公司法》第一百零九条的规定，董事会设董事长一人，可以设副董事长。董事长和副董事长由董事会以全体董事的过半数选举产生。

2. 董事会会议

与有限责任公司不同，《公司法》第一百一十条对股份有限公司董事会的次数作出了最低要求，即董事会每年度至少召开两次会议。此外，董事会可以召开临时会议。

3. 董事会的职权

根据《公司法》第一百零八条的规定，有限责任公司董事会职权的规定，适用于股份有限公司董事会。

三、监事会

（一）有限责任公司监事会

1. 监事会的人数

根据《公司法》第五十一条的规定，有限责任公司设监事会，其成员不得少于三人。股东人数较少或者规模较小的有限责任公司，可以设一至二名监事，不设监事会。

此外，监事会应当包括股东代表和适当比例的公司职工代表，其中职工代表的比例不得低于 1/3，具体比例由公司章程规定。

监事会设主席一人，由全体监事过半数选举产生。

2. 监事会会议

根据《公司法》第五十五条的规定，监事会每年度至少召开一次会议，监事可以提议召开临时监事会会议。

3. 监事会的职权

根据《公司法》第五十三条的规定，监事会、不设监事会的公司监事行使图1-9所示的职权。

职权一 ▶ 检查公司财务

职权二 ▶ 对董事、高级管理人员执行公司职务的行为进行监督，对违反法律、行政法规、公司章程或者股东会决议的董事、高级管理人员提出罢免的建议

职权三 ▶ 当董事、高级管理人员的行为损害公司的利益时，要求董事、高级管理人员予以纠正

职权四 ▶ 提议召开临时股东会会议，在董事会不履行《公司法》规定的召集和主持股东会会议职责时召集和主持股东会会议

职权五 ▶ 向股东会会议提出提案

职权六 ▶ 依照《公司法》第一百五十一条的规定，对董事、高级管理人员提起诉讼

职权七 ▶ 公司章程规定的其他职权

图1-9 监事会、不设监事会的公司监事的职权

（二）股份有限公司监事会

1. 监事会的人数

根据《公司法》第一百一十七条的规定，股份有限公司设监事会，其成员不得少于三人。监事会应当包括股东代表和适当比例的公司职工代表，其中职工代表的比例不得低于1/3，具体比例由公司章程规定。监事会设主席一人，可以设副主席。

2. 监事会会议

根据《公司法》第一百一十九条的规定，监事会每六个月至少召开一次会议。监事可以提议召开临时监事会会议。

3. 监事会的职权

根据《公司法》第一百一十八条的规定，有限责任公司监事会职权的规定，适用于股份有限公司监事会。

四、高级管理人员

（一）高级管理人员的概念

根据《公司法》第二百一十六条第（一）项的规定，公司高级管理人员是指公司的经理、副经理、财务负责人，上市公司董事会秘书和公司章程规定的其他人员。

1. 经理和副经理

经理是指《公司法》第四十九条和第一百一十三条规定的经理。在实践中，经理指的是公司的总经理，相应地，副经理通常是指公司的副总经理。

2. 财务负责人

财务负责人一般由总会计师或财务总监担任，全面负责公司的财务管理、会计核算与监督工作。根据《中华人民共和国会计法》第三十八条规定，担任单位会计机构负责人（会计主管人员）的，应当具备会计师以上专业技术职务资格或者具有会计工作三年以上经历。

如果公司不设总会计师或财务总监，而仅设财务经理或财务主管，则也可以视为财务负责人，但是这需要在公司章程中加以明确。

3. 董事会秘书

董事会秘书是指对外负责公司信息披露事宜，对内负责筹备董事会会议和股东大会，并负责会议的记录和会议文件、记录的保管等事宜的公司高级管理人员。

根据《公司法》第一百二十三条规定，上市公司设董事会秘书，负责公司股东大会和董事会会议的筹备、文件的保管以及公司股东资料的管理，并办理信息披露等事宜。

> **小提示**
>
> 董事会秘书要与董事长秘书区别开来，董事长秘书通常不属于公司高管，而董事会秘书肯定属于公司高管。

4. 公司章程规定的其他人员

公司章程规定的其他人员是为了赋予公司自治的权利，允许公司自己选择管理方式，公司自己决定聘任或解聘的高级管理人员，但是务必在公司章程中加以明确。

（二）高级管理人员的聘任或解聘

1. 经理、副经理和财务负责人的聘任和解聘

《公司法》第四十九条规定，有限责任公司可以设经理，由董事会决定聘任或者解聘。

《公司法》第一百一十三条规定，股份有限公司设经理，由董事会决定聘任或者解聘。

《公司法》第一百一十四条规定，公司董事会可以决定由董事会成员兼任经理。

《公司法》第四十六条第（九）项规定，董事会决定聘任或者解聘公司经理及其报酬事项，并根据经理的提名决定聘任或者解聘公司副经理、财务负责人及其报酬事项。

综上所述，经理是由董事会决定聘任或解聘的。副经理和财务负责人则由经理提名，并由董事会决定聘任或者解聘。经理的报酬由董事会决定，副经理和财务负责人的报酬由经理确定后报董事会决定。

2. 董事会秘书的聘任和解聘

董事会秘书必须取得证券交易所颁发的董事会秘书培训证书。同时，公司董事会出具的聘任书、通信方式及董事会秘书的合格替任人需报中国证监会、地方证券管理部门和证券交易所备案。

董事会秘书人选的确定必须经董事长提名，董事会聘任，并向股东大会报告。董事长只有提名权，董事会才有聘任权，而股东大会则拥有否决权。公司董事可以兼任公司董事会秘书，但是如果某一决议需要董事和董事会秘书分别作出时，则该兼任公司董事会秘书的董事不得以双重身份作出决策。公司聘请的会计师事务所的注册会计师和律师事务所的律师不得兼任公司董事会秘书。已确定的董事会秘书人选必须通过公共传播媒介向社会公众披露。

董事会秘书的罢免程序也十分严格。按照有关规定，凡在执行职务时，因董事会秘书的个人行为造成重大错误或失误，给公司和投资造成重大损失的；违反法律法规、公司章程及证券交易所的规章制度，造成严重后果和恶劣影响的；或主管部门和证券交易所认为不具备继续出任董事会秘书条件的，则由董事会终止对其聘任，并以书面形式报告中国证监会、地方证券管理部门和证券交易所，认定其不得担任其他公司董事会秘书，同时通过公共传播媒介向社会公众披露。对解聘处罚不服的董事会秘书，可以向中国证监会、地方证券管理部门申诉。

3. 公司章程规定的其他人员的聘任或解聘

公司章程规定的其他高管人员，也应由董事会聘任或解聘，其薪酬也由经理制定后报董事会决定。

（三）高级管理人员的职权

1. 经理的职权

《公司法》第四十九条、一百一十三条规定，经理对董事会负责，行使图 1-10 所示的职权。

职权一	主持公司的生产经营管理工作，组织实施董事会决议
职权二	组织实施公司年度经营计划和投资方案
职权三	拟订公司内部管理机构设置方案
职权四	制定公司的基本管理制度
职权五	制定公司的具体规章
职权六	提请聘任或者解聘公司副经理、财务负责人
职权七	决定聘任或者解聘除应由董事会决定聘任或者解聘以外的负责管理人员
职权八	董事会授予的其他职权

图1-10　公司经理的职权

> **小提示**
>
> 公司章程对经理职权另有规定的，从其规定。

2.董事会秘书的职权

董事会秘书为履行职责有权了解公司的财务和经营情况，参加涉及信息披露的有关会议，查阅涉及信息披露的所有文件，并要求公司有关部门和人员及时提供相关资料和信息。

3.财务负责人的职权

财务负责人的主要职权包括规划企业财务战略、健全企业财务制度、建立预算检查制度、审核分析财务报告、控制成本及筹划税收、调配企业运营资金、参与投资融资决策和协调内外财务关系等。

（四）高级管理人员的任职资格

根据《公司法》第一百四十六条规定，有下列情形之一的，不得担任公司的高级管理人员。

（1）无民事行为能力或者限制民事行为能力。

（2）因贪污、贿赂、侵占财产、挪用财产或者破坏社会主义市场经济秩序，被判处刑罚，执行期满未逾五年；或者因犯罪被剥夺政治权利，执行期满未逾五年。

（3）担任破产清算的公司、企业的董事或者厂长、经理，对该公司、企业的破产负有个人责任的，自该公司、企业破产清算完结之日起未逾三年。

（4）担任因违法被吊销营业执照、责令关闭的公司、企业的法定代表人，并负有个人责任的，自该公司、企业被吊销营业执照之日起未逾三年。

（5）个人所负数额较大的债务到期未清偿。

小提示

公司违反以上规定聘任高级管理人员的，该聘任无效。高级管理人员在任职期间无民事行为能力或者限制民事行为能力，公司应当解除其职务。

（五）高级管理人员的义务

高级管理人员应当遵守法律、行政法规和公司章程，对公司负有忠实义务和勤勉义务。不得利用职权收受贿赂或者其他非法收入，不得侵占公司的财产，不得有下列行为。

（1）挪用公司资金。

（2）将公司资金以其个人名义或者以其他个人名义开立账户存储。

（3）违反公司章程的规定，未经股东会、股东大会或者董事会同意，将公司资金借贷给他人或者以公司财产为他人提供担保。

（4）违反公司章程的规定或者未经股东会、股东大会同意，与本公司订立合同或者进行交易。

（5）未经股东会或者股东大会同意，利用职务便利为自己或者他人谋取属于公司的商业机会，自营或者为他人经营与所任职公司同类的业务。

（6）接受他人与公司交易的佣金归为己有。

（7）擅自披露公司秘密。

（8）违反对公司忠实义务的其他行为。

学习笔记

通过学习本章内容，想必您已经有了不少学习心得，请仔细写下来，以便继续巩固学习。如果您在学习中遇到了一些难点，也请如实写下来，以便今后重复学习，彻底解决这些难点。

我的学习心得：

1. _____
   _____
2. _____
   _____
3. _____
   _____
4. _____
   _____
5. _____
   _____

我的学习难点：

1. _____
   _____
2. _____
   _____
3. _____
   _____
4. _____
   _____
5. _____
   _____

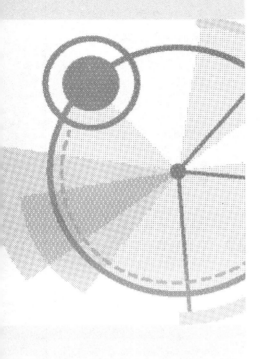

第二章

股权概述

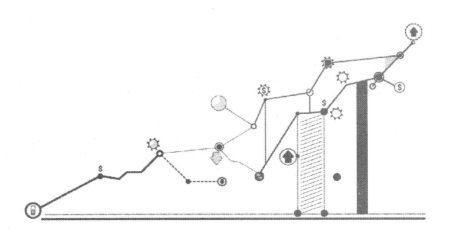

⇨ **速成指引**

一个企业最重要的两股力量是战略与人才，要把握住这两股力量，就必须了解新股权。股权是绑定所有利益相关者，使其成为命运共同体的一个工具。

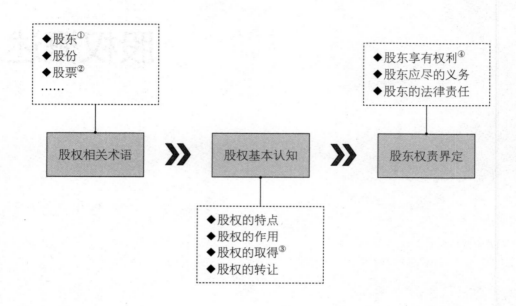

图示说明：

①股东是向公司出资或认购股份，从而享有资产收益等股东权利的人。《公司法》第四条规定，公司股东依法享有资产收益、参与重大决策和选择管理者等权利。

②股票是股份证书的简称，是股份有限公司为筹集资金而发行给股东作为持股凭证并借以取得股息和红利的一种有价证券。每股股票都代表股东拥有企业一个基本单位的所有权。

③按照取得股权的时间是在公司设立时还是在公司设立后，可将合法取得股权的方式分为两种，即原始取得、继受取得。

④根据《公司法》的规定，股东可享受以下法定权利：股东身份权、知情权、质询权、表决权、自行召集和主持股东大会会议权、投资收益权、提案权、违法决议撤销权、异议股东股权收购请求权、请求解散权、诉讼权。

第一节 股权相关术语

一、股东

股东是向公司出资或认购股份，从而享有资产收益等股东权利的人。《公司法》第四条规定，公司股东依法享有资产收益、参与重大决策和选择管理者等权利。

按照不同的标准，可以将股东作出以下分类。

（一）隐名股东和显名股东

根据出资的实际情况与登记记载的情况是否一致，我们把公司股东分为隐名股东和显名股东。隐名股东是指虽然实际出资认缴、认购公司出资额或股份，但在公司章程、股东名册和工商登记等材料中却记载为他人的投资者，隐名股东又称为隐名投资人、实际出资人。显名股东是指正常状态下，出资情况与登记状态一致的股东。

（二）个人股东和机构股东

根据股东的主体身份，可分机构股东和个人股东。机构股东指享有股东权利的法人和其他组织。机构股东包括各类公司、各类全民和集体所有制企业、各类非营利法人和基金等机构和组织。个人股东是指一般的自然人股东。

（三）创始股东与一般股东

根据获得股东资格的时间和条件，可分为创始股东与一般股东。创始股东是指组织设立公司、签署设立协议或者在公司章程上签字盖章，认缴出资，并对公司设立承担相应责任的人。创始股东也叫原始股东。一般股东指因出资、继承、接受赠予而取得公司出资或者股权，并因而享有股东权利、承担股东义务的人。

（四）控股股东与非控股股东

根据股东持股的数量与影响力，可分为控股股东与非控股股东。控股股东又分绝对控股股东与相对控股股东。控股股东是指出资额占有限责任公司资本总额50%及以上或依其出资额所享有的表决权足以对股东、股东大会的决议产生重大影响的股东。

二、股份

股份是股份有限公司股东持有的，构成公司资本的最小计量单位，也是划分股东权利、义务的基本计算单位。股份一般有图 2-1 所示的三层含义。

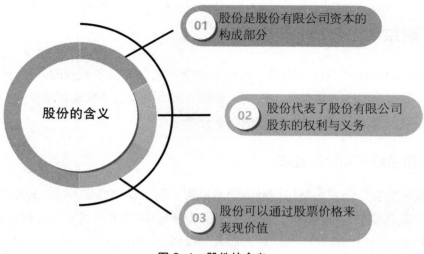

图 2-1　股份的含义

三、股票

股票是股份证书的简称，是股份有限公司为筹集资金而发行给股东作为持股凭证并借以取得股息和红利的一种有价证券。每股股票都代表股东拥有企业一个基本单位的所有权。

四、股权

股权即"有限责任公司"或者"股份有限公司"的股东对公司享有的人身和财产权益，是一种综合性权利。即股权是股东基于其股东资格而享有的，从公司获得经济利益，并参与公司经营管理的权利。

五、股权证书

股权证书是股份有限公司向股东出具的证明其投资数量、拥有股份数量及相应权益和义务的书面凭证。

六、股权结构

股权结构是指公司的总股本中，不同性质的股份所占的比例及相互关系，也称股权架构。股权结构是公司治理结构的基础，而公司治理结构则是股权结构的具体运行形式。不同的股权结构决定了不同的企业组织结构，从而决定了不同的企业治理结构，最终决定了企业的行为和绩效。

七、股权设计

《公司法》第四条规定，公司股东依法享有资产收益、参与重大决策和选择管理者等权利。股东只有完全享有这三项权利，才能达到投资设立公司的目的。股东投资设立公司就是为了追求经济利益及一定程度的社会利益。如果股东这三项权利受到限制甚至被剥夺，就失去了设立公司的意义，当然也达不到投资成立公司的目的。

为了保障股东的三项基本权利及其他权利，就要保障股东的股权。而为了保障股东的股权，就要进行股权设计。所谓股权设计，就是指为了保障股东的股权，而对股权的份额、内容及行使方式进行设计。

第二节　股权基本认知

股东的出资额和出资比例，已经不是构成公司竞争力的主要因素。竞争已经从资本的竞争，变为人才的竞争、模式的竞争。而股权，也就相应地变得复杂了。

一、股权的特点

股权是一种与物权、债权并列的新型财产权，是一种独立的权利类型，有图 2-2 所示的特点。

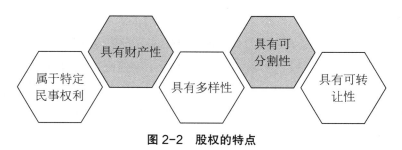

图 2-2　股权的特点

（一）属于特定民事权利

股权是股东基于其出资行为而取得的特定民事权利，股东享有的与出资行为无关的民事权利不属于股权。股权是股东向公司缴付出资之后享有的一种权利，而非权利与义务的复合体。股东不行使自己的权利不会损害到他人的利益。股东享有股权，并不意味着不负担义务。

比如，股东负有遵守公司章程的义务，对公司债务承担有限责任的义务，不得退股的义务等；但股东的这些义务可以看作是股东享有股权的对价，它们本身并不属于股权，而是由《公司法》规定的义务或是股东之间因契约而承担的义务。

（二）具有财产性

财产性是股权的最基本属性。股东因其出资行为，以实物或金钱为载体，将其出资转化为注册资本。公司注册资本是股东财产性权利的集合体，股权在变价时又可以金钱形式量化，因此股权具有典型的财产性。

（三）具有多样性

根据股权的内容和行使的目的，股权可分为自益权与共益权。

1. 自益权

自益权是指股东以自己的利益为目的而行使的权利。自益权的存在以股东的个人利益为基础，依附于股东资格。自益权主要是财产权，包括图 2-3 所示的内容。

按照出资比例分取红利的权利　依照法律、公司章程转让出资的权利　优先购买其他股东转让出资的权利　优先认购公司新增资本的权利　依法分配公司解散清算后剩余财产的权利

图 2-3　自益权的内容

2. 共益权

共益权是指股东参与公司经营的权利，或者说是股东以个人利益为目的兼顾公司利益而行使的权利，行使该权利所获得的利益使股东间接受益。共益权主要包括图 2-4 所示的内容。

财产性权利和非财产性权利二者契合在一起构成股权完整的权利体系。其中，财产性权利是股权的基本内容，收益是股东对公司投资的主要预期，是股东向公司投资的基

- 表决权
- 诉讼提起权
- 临时股东大会召集请求权
- 临时股东大会自行召集权与主持权
- 提案权
- 质询权

- 股东会和董事会决议无效确认请求权和撤销请求权
- 公司合并无效诉讼提起权
- 累积投票权
- 会计账簿查阅权
- 公司解散请求权等

图 2-4　共益权的内容

本动机所在，也就是说收益是股东的终极目的；非财产性权利是确保股东获得财产利益的手段，是次要方面，但并不是说其不重要，它仍是围绕财产性权利这一核心而设的，其目的是最大限度地追求财产权益，是财产性权利的体现和保障。

（四）具有可分割性

股东转让自己所持有的股权时，可以全部转让，也可以部分转让。当股东转让部分股权时，原有的股东与新加入的股东各自享有独立的股权。

（五）具有可转让性

对于有限责任公司来说，股东转让股权会受到一定的限制，但只是受其他股东意思表示的限制，并非不可转让；对于股份有限公司而言，只是对有特殊身份股东的持股时间有一定限制，但也是可转让的。

二、股权的作用

股权具有图 2-5 所示的作用。

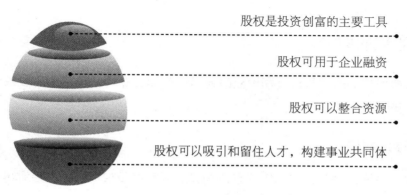

股权是投资创富的主要工具

股权可用于企业融资

股权可以整合资源

股权可以吸引和留住人才，构建事业共同体

图 2-5　股权的作用

（一）股权是投资创富的主要工具

股东对企业出资后，享有分红权、股份转让权、优先认购权、剩余资产分配权等经济性权利。当企业上市实行 IPO 注册制改革时，可以通过股权投资获得收益和溢价增值，实现财富增长。

（二）股权可用于企业融资

做大做强的企业，大多是通过一轮又一轮释放股权、不断增资扩股获得企业发展所需要的资金。即便是企业上市，也有公开发行股票募集资金的融资行为。因此，股权可用来解决企业资金发展问题，也可用股权换取先进的资本和先进的理念，为企业发展保驾护航。

（三）股权可以整合资源

通过股权合作，可以获得对企业具有重大战略意义的资源、渠道、市场、资质或准入门槛等；通过股权众筹，可解决企业的资金、资源、市场与客户难题；企业家还可以通过股权换取和整合资源、合伙人，解决技术、市场等问题。

（四）股权可以吸引和留住人才，构建事业共同体

企业初创时期，可通过股权激励寻找到价值观一致、能力互补、志同道合的伙伴和合伙人一起创业。企业在发展期和成熟期导入股权激励政策，可吸引外部优秀人才加盟，激励和留住内部核心与骨干人才，把员工变成股东和合伙人，把企业转变为平台，构建事业共同体。

对合伙人和员工而言，股权代表着身份，代表着奋斗，代表着财富和希望。因此，通过股权激励，可让员工心甘情愿为企业贡献自己的智慧和力量，一起为企业的未来奋斗，打造同舟共济的命运共同体。

三、股权的取得

按照取得股权的时间是在公司设立时还是在公司设立后，可将取得股权的方式分为图 2-6 所示的两种。

（一）原始取得

原始取得是指通过向公司出资或者认购股份而取得股东资格。原始取得又可分为两种情形。

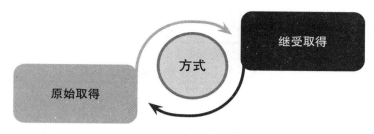

图 2-6　股权的取得方式

1. 设立时的原始取得

即在公司设立时向公司投资，从而取得股东资格。通过这种方式取得股东资格的人包括有限公司设立时的全部发起人，股份公司设立时的发起人和认股人。

根据《公司法》的规定，公司的股东可以用货币出资，也可以用实物、知识产权、土地使用权等可以用货币估价并可以依法转让的非货币财产作价出资；但是，法律、行政法规规定不得作为出资的财产除外。

根据《市场主体登记管理条例》第十三条的规定，出资方式应当符合法律、行政法规的规定。公司股东、非公司企业法人出资人、农民专业合作社（联合社）成员不得以劳务、信用、自然人姓名、商誉、特许经营权或者设定担保的财产等作价出资。

2. 设立后的原始取得

即在公司成立后增资时，通过向公司出资或者认购股份的方式取得股东资格。

（二）继受取得

继受取得也称为传来取得或派生取得，即通过受让、受赠、继承、公司合并等途径而取得股东资格，取得股份的受让人、受赠人、继承人、继受人成为公司的新股东。

四、股权的转让

股权转让是股东依法将自己的股东权益有偿转让给他人，使他人取得股权的民事法律行为。

（一）有限责任公司股权的转让

1. 股东之间相互转让

《公司法》第七十一条规定，有限责任公司的股东之间可以相互转让其全部或者部分股权。

2. 股东向股东以外的人转让股权

《公司法》第七十一条对股东向股东以外的人转让股权有图 2-7 所示的规定。

规定一	股东向股东以外的人转让股权，应当经其他股东过半数同意
规定二	股东应就其股权转让事项书面通知其他股东征求同意，其他股东自接到书面通知之日起满三十日未答复的，视为同意转让
规定三	其他股东半数以上不同意转让的，不同意的股东应当购买该转让的股权；不购买的，视为同意转让
规定四	经股东同意转让的股权，在同等条件下，其他股东有优先购买权
规定五	两个以上股东主张行使优先购买权的，协商确定各自的购买比例；协商不成的，按照转让时各自的出资比例行使优先购买权
规定六	公司章程对股权转让另有规定的，从其规定

图 2-7　有限责任公司股东向股东以外的人转让股权的规定

3. 人民法院强制转让股东股权

《公司法》第七十二条规定，人民法院依照法律规定的强制执行程序转让股东的股权时，应当通知公司及全体股东，其他股东在同等条件下有优先购买权。其他股东自人民法院通知之日起满二十日不行使优先购买权的，视为放弃优先购买权。

（二）股份有限公司股份的转让

《公司法》第一百三十七条规定，股东持有的股份可以依法转让。

1. 发起人股份转让

《公司法》第一百四十一条规定，发起人持有的本公司股份，自公司成立之日起一年内不得转让。公司公开发行股份前已发行的股份，自公司股票在证券交易所上市交易之日起一年内不得转让。

2. 公司高管股份转让

《公司法》第一百四十一条规定，公司董事、监事、高级管理人员应当向公司申报所持有的本公司的股份及其变动情况，在任职期间每年转让的股份不得超过其所持有本公司股份总数的 25%；所持本公司股份自公司股票上市交易之日起一年内不得转让。上述人员离职后半年内，不得转让其所持有的本公司股份。公司章程可以对公司董事、监事、高级管理人员转让其所持有的本公司股份作出其他限制性规定。

> **小提示**
>
> 　　股东转让其股份，应当在依法设立的证券交易场所进行，或者按照国务院规定的其他方式进行。

第三节　股东权责界定

股东权利和义务是对等的，在享受权利的同时，也是要按照法定或约定来履行自己的义务。实践中，不同身份的人，权利和义务也是不同的。

一、股东享有的权利

《公司法》第四条规定，公司股东依法享有资产收益、参与重大决策和选择管理者等权利。也就是说，作为投资人的股东，依法享有的权利大都是《公司法》及相关法律法规赋予的，我们将这种权利称为法定权利。根据《公司法》的规定，股东可享有表2-1所示的权利。

表 2-1　股东享有的权利

序号	权利	解释
1	股东身份权	可以要求以法律的形式确定自己的股东身份
2	知情权	有了解公司相关信息的权利
3	质询权	质询相关问题，质询公司、董高监等
4	表决权	在股东大会中按出资比例执行表决权
5	自行召集和主持股东大会会议权	有召开、主持股东大会的权利
6	投资收益权	享有分红和资本增值的权利
7	提案权	提出议案的权利
8	违法决议撤销权	因决议的内容、形式、程序违法而提出撤销的权利
9	异议股东股权收购权	请求公司收购个人手中股份的权利
10	请求解散权	有向人民法院提出解散公司的权利
11	诉讼权	有向人民法院提起诉讼的权利

（一）股东身份权

股东身份权就是证明自己是公司的股东。出资者将自己的资产投入公司后，资产便脱离自己，变成了公司资产，出资者也拥有了股东资格。

股东资格体现在：

（1）公司向股东签发的文件，如向股东签发出资证明书、股东名册等。

（2）公司向国家备案的文件，如公司章程等。

（二）知情权

知情权是股东权利中的一项基本权利，是股东行使其他权利的前提和基础。

对于有限责任公司的股东，《公司法》第三十三条规定，股东有权查阅、复制公司章程、股东会会议记录、董事会会议决议、监事会会议决议和财务会计报告。

股东可以要求查阅公司会计账簿。股东要求查阅公司会计账簿的，应当向公司提出书面请求，说明目的。公司有合理根据认为股东查阅会计账簿有不正当目的，可能损害公司合法利益的，可以拒绝提供查阅，并应当自股东提出书面请求之日起十五日内书面答复股东并说明理由。公司拒绝提供查阅的，股东可以请求人民法院要求公司提供查阅。

对于股份有限公司的股东，《公司法》第九十七条规定，股东有权查阅公司章程、股东名册、公司债券存根、股东大会会议记录、董事会会议决议、监事会会议决议、财务会计报告，对公司的经营提出建议或者质询。

（三）质询权

质询权是和知情权相辅相成的，是保障小股东切实享有知情权的一项关键权利。《公司法》第一百五十条规定，股东会或者股东大会要求董事、监事、高级管理人员列席会议的，董事、监事、高级管理人员应当列席并接受股东的质询。

质询权的确认有利于平常不参与公司经营管理的股东了解股东会及股东大会决议事项的背景及详细情况的说明，使投票表决权更有针对性和科学性，同时也是对董事、监事和高级管理人员的一种威慑。

（四）表决权

表决权是股东行使治理权的核心，决定了股东参与重大决策权和选择管理者权是否能够得到落实，是保护股东财产的重要手段。股东对公司的控制权往往是通过表决权来实现的。

（1）股东能够参加股东会和股东大会

《公司法》第三十九条规定，有限责任公司股东会会议分为定期会议和临时会议。定期会议应当依照公司章程的规定按时召开。

《公司法》第一百条规定，股份有限公司股东大会应当每年召开一次年会。

（2）股东能行使表决权

《公司法》第一百零四条规定，本法和公司章程规定公司转让、受让重大资产或者对外提供担保等事项必须经股东大会作出决议的，董事会应当及时召集股东大会会议，由股东大会就上述事项进行表决。

《公司法》第一百零五条规定，股东大会选举董事、监事，可以依照公司章程的规定或者股东大会的决议，实行累积投票制。

《公司法》第一百零六条规定，股东可以委托代理人出席股东大会会议，代理人应当向公司提交股东授权委托书，并在授权范围内行使表决权。

（五）自行召集和主持股东大会会议权

针对部分非上市公司执行董事和上市公司董事会不依法或不依公司章程召开股东会和股东大会的问题，《公司法》第四十条和第一百零一条规定，代表 1/10 以上表决权或者连续九十日以上单独或合计持有公司 10% 股份的股东可以自行召集和主持股东会议。

这个规定实际上是增强了小股东对公司的控制权，当代表大股东的董事或者经理人不愿意召开股东会或股东大会时，小股东可以运用这一项权利在特定条件下自行召集股东会（股东大会）来保护自己的利益。这对于大股东通过控制董事会而架空股东会和股东大会的行为而言是一个沉重打击。

但是若重要决议事项需 1/2 以上或 2/3 以上股东表决才可通过，而其他股东对提案明显有异议的，那么召开股东会的效果不大。但在股份有限公司中，多方股东博弈，将会发挥其应有的效果。

（六）投资收益权

投资收益权是指股东投资后享有分红和资本增值的权利，这个权利应该是每个股东最主要的目标。

《公司法》第三十四条规定，股东按照实缴的出资比例分取红利；公司新增资本时，股东有权优先按照实缴的出资比例认缴出资。但是，全体股东约定不按照出资比例分取红利或者不按照出资比例优先认缴出资的除外。

《公司法》第一百八十六条规定，公司财产在分别支付清算费用、职工的工资、社会保险费用和法定补偿金，缴纳所欠税款，清偿公司债务后的剩余财产，有限责任公司按照股东的出资比例分配，股份有限公司按照股东持有的股份比例分配。

这些规定从法律层面保护了股东的投资收益权。

（七）提案权

提案权就是股东在股东（大）会上提出议案的权利。

《公司法》第一百零二条规定，单独或者合计持有公司 3% 以上股份的股东，可以在股东大会召开十日前提出临时提案并书面提交董事会；董事会应当在收到提案后两日内通知其他股东，并将该临时提案提交股东大会审议。临时提案的内容应当属于股东大会职权范围，并有明确议题和具体决议事项。

这个规定是非常重要的，它赋予了小股东提案权，对保护小股东利益有重大的现实意义。小股东可以将自己关心的、与自己利益密切相关的议案提交股东大会讨论，这就避免了小股东在股东大会上只能被动对大股东的提案说"是"和"否"。这条规定使得小股东可以更完整、更充分地行使表决权。

（八）违法决议撤销权

在非上市公司和上市公司中经常会出现这样的问题：控股大股东或经理人把持着股东会、股东大会和董事会，将股东会、股东大会和董事会变成他们操纵公司的工具。股东会、股东大会和董事会只按照大股东或经理人的意思行事，而从不考虑是否违反法律或违反公司章程，因此就会出现会议的决议内容或程序违反法律或公司章程的问题。

对此，《公司法》第二十二条规定，公司股东会或者股东大会、董事会的决议内容违反法律、行政法规的，无效。

股东会或者股东大会、董事会的会议召集程序、表决方式违反法律、行政法规或者公司章程，或者决议内容违反公司章程的，股东可以自决议作出之日起六十日内，请求人民法院撤销。

股东依照前款规定提起诉讼的，人民法院可以应公司的请求，要求股东提供相应担保。

公司根据股东会或者股东大会、董事会决议已办理变更登记的，人民法院宣告该决议无效或者撤销该决议后，公司应当向公司登记机关申请撤销变更登记。

这条规定赋予了小股东选择权。小股东可根据实际情况，决定是否请求人民法院宣告决议无效或撤销决议。这在一定程度上遏制了大股东或经理人把控股东会、股东大会和董事会的现象。

（九）异议股东股权收购请求权

《公司法》第七十四条规定，有下列情形之一的，对股东会该项决议投反对票的股东可以请求公司按照合理的价格收购其股权。

（1）公司连续五年不向股东分配利润，而公司该五年连续盈利，并且符合本法规定的分配利润条件的。

（2）公司合并、分立、转让主要财产的。

（3）公司章程规定的营业期限届满或者章程规定的其他解散事由出现，股东会会议通过决议修改章程使公司存续的。

自股东会会议决议通过之日起六十日内，股东与公司不能达成股权收购协议的，股东可以自股东会会议决议通过之日起九十日内向人民法院提起诉讼。

（十）请求解散权

在现实生活中，有些公司长期亏损，转盈无望。而这种情况下，小股东和大股东以及经理人的利益诉求是不一样的。对于小股东来说，一般只能通过分红享受公司收益，这时候公司继续经营只能损害小股东的利益，因此小股东会要求解散公司，将投资损失降到最低。但是公司的大股东和经理人一般不会同意小股东的要求，因为公司的控制权和经营权都在大股东和经理人手里，公司继续经营下去，虽然会亏损，但是大股东和经理人却可以从中获取控制权的私利。

针对这种情况，《公司法》第一百八十二条规定，公司经营管理发生严重困难，继续存续会使股东利益受到重大损失，通过其他途径不能解决的，持有公司全部股东表决权 10% 以上的股东，可以请求人民法院解散公司。

（十一）诉讼权

以上十项权利是股东最主要的权利，但是当上述权利被其他股东、董事、监事或经理人侵害，而通过协商又解决不了的时候，权利受侵害的股东就有权利到法院对侵害其权利的其他股东、董事、监事和经理人提起法律诉讼，要求停止侵权行为，这就是股东的诉讼权。

股东的诉讼权是保护股东权利的底线，也是股东法定权利中最重要的一项。

（1）间接提起诉讼的事项

《公司法》第一百四十九条规定，董事、监事、高级管理人员执行公司职务时违反法律、行政法规或者公司章程的规定，给公司造成损失的，应当承担赔偿责任。

《公司法》第一百五十一条规定，董事、高级管理人员有本法第一百四十九条规定的情形的，有限责任公司的股东、股份有限公司连续一百八十日以上单独或者合计持有公司百分之一以上股份的股东，可以书面请求监事会或者不设监事会的有限责任公司的监事向人民法院提起诉讼；监事有本法第一百四十九条规定的情形的，前述股东可以书面请求董事会或者不设董事会的有限责任公司的执行董事向人民法院提起诉讼。

监事会、不设监事会的有限责任公司的监事，或者董事会、执行董事收到前款规定的股东书面请求后拒绝提起诉讼，或者自收到请求之日起三十日内未提起诉讼，或者情况紧急、不立即提起诉讼将会使公司利益受到难以弥补的损害的，前款规定的股东有权为了公司的利益以自己的名义直接向人民法院提起诉讼。

他人侵犯公司合法权益，给公司造成损失的，本条第一款规定的股东可以依照前两款的规定向人民法院提起诉讼。

（2）可直接提起诉讼的事项

《公司法》第一百五十二条规定，董事、高级管理人员违反法律、行政法规或者公司章程的规定，损害股东利益的，股东可以向人民法院提起诉讼。

 **相关链接**

有限责任公司与股份有限公司股东权利的区别

不管是有限责任公司还是股份有限公司，股东作为公司的出资人或投资者，均享有资产收益、参与重大决策和选择管理者等权利。这是我国《公司法》对于股东权利的基本规定。不过，基于有限责任公司与股份有限公司具有人合性与资合性、封闭性与开放性、任意性与法定性、规模小与规模大等方面的不同特征，所以股东权利的具体内容也不尽相同。

1. 股份有限公司的股东同股同权、同股同利，而有限责任公司却可以不同

股份有限公司的资本被划分为若干均等的份额，每一份额代表着每一股份。同一股份所代表的股东权利是相同的，同一股份所享受的利润分配比例一般也是一样的。股东在股份有限公司拥有多少权利，是由其拥有的股份数额来决定的。用简单的话来概括就是八个字"同股同权、同股同利"，每一股权均平等。这种股权平等的思想体现在《公司法》里，第一百零三条规定，股东出席股东大会会议，所持每一股份有一表决权。第一百二十六条规定，股份的发行，实行公平、公正的原则，同种类的每一股份应当具有同等权利。同次发行的同种类股票，每股的发行条件和价格应当相同；任何单位或者个人所认购的股份，每股应当支付相同价额。在这里，股东的个人身份、名誉、地位不再重要，任何人持有了公司的股票，就成了公司的股东，享有相应的权利和义务。

有限责任公司的资本不分为等额股份，股东拥有的权利主要看其在公司的出资数额或出资比例。这种"资本多数决"的方式在本质上与股份公司是相同的。所不同的是，出资多少并不是决定股东地位高低的唯一因素。《公司法》允许股东通过制定或修改公司章程的方式自由约定股东如何行使权利。《公司法》第四十二条规定，股东会会议由股东按照出资比例行使表决权；但是，公司章程另有规定的除外。第三十四条规定，股东按照实缴的出资比例分取红利；公司新增资本时，股东有权优先按照实缴的出资比例认缴出资；但是，全体股东约定不按照出资比例分取红利或者不按照出资比例优先认缴出资的除外。这样，有限责任公司的股东权利就可能出现两个不相等：股东的出资比例与表决权的行使比例可以不相等；股东的出资比例与分红比例也可以不相等。

由此可见，在股东的基本权利方面，股份有限公司主要体现了《公司法》的强制性、法定性规定，而有限责任公司的股东则被赋予了更多的任意性、自治性权利。

2. 证明股东身份的法律凭证不同

在股份有限公司中，公司的资本总额被划分为相等的股份，股份的表现形式为股票，股票是股份有限公司股东身份的凭证，也是股东在公司拥有多少表决权的象征。而有限责任公司的资本总额不被等额划分，股东的股权根据投资占总资本比例的大小由公司开具出资证明来表示。出资证明书是有限责任公司的股东享有股东权利的重要凭证。

3. 股权转让的差别

有限责任公司以限制转让为原则，自由转让为例外，规定股权不能自由流通。由于有限责任公司具有人合性和封闭性的特征，股东转让出资在法律上受到比较严格的限制，股东自由转让股权仅限于内部股东之间。股东向他人转让出资时，必须经其他过半数股东同意，其他股东在同等情况下具有优先购买权。这里的他人是指股东以外的人。如果股东向公司转让股权，受到的限制更严格，因为这等于让公司回购股东的股权，会导致公司的注册资本减少，有违资本法定原则。所以，《公司法》规定，只有在三种情形下，对股东会决议投反对票的股东可以向公司主张出资回购请求权（见《公司法》第七十四条规定）。

股份有限公司以自由转让为原则，限制转让为例外，规定股份可以自由流通。股份有限公司的股东购买公司股票后一般不得要求公司退回，但可自由转让，具有充分的流通性。这是与股份有限公司的资合性和开放性特征相对应的。除了法律规定的特殊情形以外，股份有限公司的股东可以转让股份，任何投资者都可以通过购买股票成为股份有限公司的股东。结合《公司法》第五章第二节的规定，股份转让的限制主要有：

（1）对发起人和公司董事、监事和高级管理人员的限制。在特定时期内，这类人员不得转让其股份，以便将他们的个人利益与公司利益、股民利益紧密相连，督促他们履行职责。

（2）转让方式的限制。记名股票采取背书方式转让，无记名股票采取交付方式转让。

（3）转让场所的限制。股东转让其股份，应当在依法设立的证券交易场所进行或者按照国务院规定的其他方式进行。股票交易原则上应当在证交所进行场内交易，但条件成熟时，可以进行场外交易。

4. 股东知情权的差异

根据《公司法》第九十七条的规定，股份有限公司的股东有权查阅公司章程、股东名册、公司债券存根、股东大会会议记录、董事会会议决议、监事会会议决议、财务会计报告，对公司的经营提出建议或者质询。但并未规定股东有公司会计账簿的查阅权，这是有限责任公司的股东和股份有限公司的股东在知情权上存在的最大差异。

5. 股份有限公司的股东无权制定章程，只能参与修改章程

章程是公司内部的自治法。公司成立之前，必须向工商登记机关提交公司章程。公司成立以后，章程对公司、股东、董事、监事、高级管理人员均具有约束力。有限责任公司有权制定公司章程的主体是全体股东。公司成立以后，股东可以通过股东会表决的方式修改章程。因此，全体股东均拥有公司章程的制定和修改权。而股份有限公司由于投资人数众多，让分散在五湖四海的全部认股人聚集一起制定章程，既不具有可操作性，也很难达成一致。因而《公司法》规定，股份有限公司由发起人制定章程，公司成立之前，认股人通过参加创立大会以表决方式决定是否认可章程。公司成立以后，股东可以参加股东大会修改公司章程。

二、股东应尽的义务

公司股东的义务一般包括以下几项。

1. 按约出资

按约出资是公司股东最重要的义务，即股东应当在约定的时间内足额缴纳公司章程中所认定的出资额。股东既可以货币出资，也可以其他非货币财产出资。

《公司法》第二十八条规定，股东应当按期足额缴纳公司章程中规定的各自所认缴的出资额。股东以货币出资的，应当将货币出资足额存入有限责任公司在银行开设的账户；以非货币财产出资的，应当依法办理其财产权的转移手续。

股东不按照前款规定缴纳出资的，除应当向公司足额缴纳外，还应当向已按期足额缴纳出资的股东承担违约责任。

2. 不得滥用股东权利

《公司法》第二十条规定，公司股东应当遵守法律、行政法规和公司章程，依法行使股东权利，不得滥用股东权利损害公司或者其他股东的利益；不得滥用公司法人独立地位和股东有限责任损害公司债权人的利益。

3. 表决权禁行义务

在特定情况下，股东负有表决权禁行义务，即股东不得参与表决。通常，当公司为其股东提供担保时，需经过股东会议表决。被提供担保的股东此时不应参加表决。

《公司法》第十六条规定，公司向其他企业投资或者为他人提供担保，依照公司章程的规定，由董事会或者股东会、股东大会决议；公司章程对投资或者担保的总额及单项投资或者担保的数额有限额规定的，不得超过规定的限额。

公司为公司股东或者实际控制人提供担保的，必须经股东会或者股东大会决议。

前款规定的股东或者受前款规定的实际控制人支配的股东，不得参加前款规定事项的表决。该项表决由出席会议的其他股东所持表决权的过半数通过。

4. 不得损害公司利益

控股股东不得滥用自己的优势地位及关联关系，损害公司利益。

《公司法》第二十一条规定，公司的控股股东、实际控制人、董事、监事、高级管理人员不得利用其关联关系损害公司利益。

违反前款规定，给公司造成损失的，应当承担赔偿责任。

三、股东的法律责任

1. 公司财产与个人财产区分不清的法律责任

根据《公司法》第六十三条规定，一人有限责任公司的股东不能证明公司财产独立于股东自己的财产的，应当对公司债务承担连带责任。因此，只要没有证据证明公司财产独立于股东个人财产，股东就应当对公司债务承担连带责任。

2. 违反出资义务的法律责任

（1）《公司法》第三十条规定，有限责任公司成立后，发现作为设立公司出资的非货币财产的实际价额显著低于公司章程所定价额的，应当由交付该出资的股东补足其差额；公司设立时的其他股东承担连带责任。

（2）《公司法》第一百九十九条规定，公司的发起人、股东虚假出资，未交付或者未按期交付作为出资的货币或者非货币财产的，由公司登记机关责令改正，处以虚假出资金额百分之五以上百分之十五以下的罚款。

（3）根据《中华人民共和国公司法司法解释三》（以下简称《公司法解释三》）第十三条规定，公司债权人有权请求未履行或者未全面履行出资义务的股东在未出资本息范围内对公司债务不能清偿的部分承担补充赔偿责任。

（4）《公司法》第二百条规定，公司的发起人、股东在公司成立后，抽逃其出资的，由公司登记机关责令改正，处以所抽逃出资金额5%以上15%以下的罚款。

（5）根据《公司法解释三》第十四条规定，公司债权人有权请求抽逃出资的股东在抽逃出资本息范围内对公司债务不能清偿的部分承担补充赔偿责任，协助抽逃出资的其他股东、董事、高级管理人员或者实际控制人对此承担连带责任。

（6）根据《公司法解释三》第十九条规定，有限责任公司的股东未履行或者未全面履行出资义务即转让股权，受让人对此知道或者应当知道的，公司债权人有权要求受让人对公司债务承担连带责任；受让人承担责任后，有权向未履行或者未全面履行出资义务的股东进行追偿，当然当事人另有约定的除外。

3. 滥用权利的法律责任

《公司法》第二十条规定，公司股东滥用股东权利给公司或者其他股东造成损失的，应当依法承担赔偿责任。公司股东滥用公司法人独立地位和股东有限责任，逃避债务，严重损害公司债权人利益的，应当对公司债务承担连带责任。

4. 怠于履行义务导致公司财产流失或无法进行清算的法律责任

根据《中华人民共和国公司法司法解释二》（以下简称《公司法解释二》）第十八条的规定，有限责任公司的股东、股份有限公司的董事和控股股东未在法定期限内成立清算组开始清算，导致公司财产贬值、流失、毁损或者灭失，债权人有权主张其在造成损失范围内对公司债务承担赔偿责任；因怠于履行义务，导致公司主要财产、账册、重要文件等灭失，无法进行清算，债权人有权主张其对公司债务承担连带清偿责任。

5. 公司解散后恶意处置公司财产或恶意骗取注销登记的法律责任

根据《公司法解释二》第十九条的规定，有限责任公司的股东、股份有限公司的董事和控股股东，以及公司的实际控制人在公司解散后，恶意处置公司财产给债权人造成损失，或者未经依法清算，以虚假的清算报告骗取公司登记机关办理法人注销登记的，债权人有权主张其对公司债务承担相应赔偿责任。

通过学习本章内容，想必您已经有了不少学习心得，请仔细写下来，以便继续巩固学习。如果您在学习中遇到了一些难点，也请如实写下来，以便今后重复学习，彻底解决这些难点。

我的学习心得：

1. _____
_____
2. _____
_____
3. _____
_____
4. _____
_____
5. _____
_____

我的学习难点：

1. _____
_____
2. _____
_____
3. _____
_____
4. _____
_____
5. _____
_____

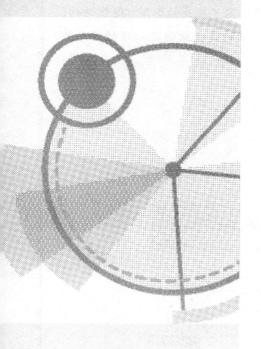

第三章

股权架构概述

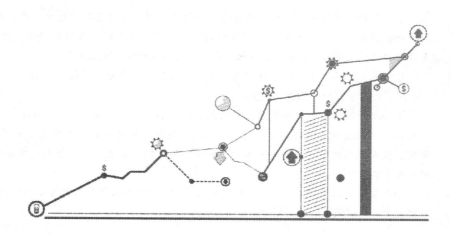

企业使用什么样的股权架构（也称股权结构），决定了企业的类型、组织结构，对企业的发展和形成有着重要的意义。合理的股权结构是企业稳定、可持续发展的基石。

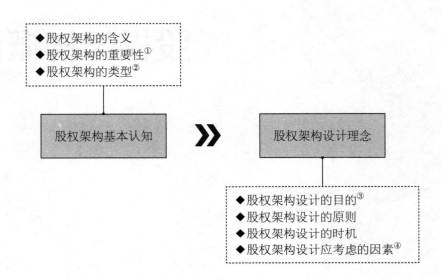

图示说明：

①合理的股权结构可以明确股东之间的权责，科学体现各股东对企业的贡献、享有的利益和权利，有助于维护企业和创业项目的稳定。在未来融资时，股权会稀释，合理的股权结构，有助于确保创业团队对企业的控制权。因此，股权架构设计尤为重要。

②目前，根据众多企业的股权设计案例，大致可以分为四种股权架构：高度集中型、高度分散型、平均分配型、相互制衡型。

③股权所涉及的利益相关者主要有五类，即创始人、合伙人、核心员工、投资人、外部合作伙伴。从利益相关者的视角来看，企业设计股权结构的目的，主要是维护创始人的控制权、凝聚合伙人团队力量、让员工分享财富效应、促进投资者进入、整合上下游资源、避开上市障碍开展资本运作。

④企业在创立企业之初进行股权架构设计时，至少要关注五大因素：战略因素、商业模式、心理因素、法律因素、财税因素。

第一节　股权架构基本认知

　　股权结构是公司治理结构的基础，不同的股权结构决定了不同的企业组织结构，从而决定了不同的企业治理结构，最终决定了企业的行为和绩效。因此，建立符合企业发展的股权架构，是实现企业和各利益相关者共赢的重要环节。

一、股权架构的含义

　　股权架构具有图 3-1 所示的两层含义。

图中文字：

股权结构反映的是公司在所有权层面上的归属

含义

股权结构反映出所有权分布的客观状态，是集中还是分散

图 3-1　股权架构的含义

二、股权架构的重要性

　　合理的股权结构可以明确股东之间的权责，科学体现各股东对企业的贡献、享有的利益和权利，有助于维护企业和创业项目的稳定。在未来融资时，股权会稀释，合理的股权结构，有助于确保创业团队对企业的控制权。因此，股权架构设计尤为重要。

> **小提示**
>
> 　　一个好的股权结构，应达到四个标准：要简单明晰，要有核心股东，资源要互补，股东之间要信任。

三、股权架构的类型

　　对于企业而言，无论是处于筹备阶段、初创阶段还是发展阶段，股权结构的设计都非常重要，科学合理的股权分配是企业稳定和健康发展的基石。目前，根据众多企业的股权设计案例，大致可以分为图 3-2 所示的四种股权架构。

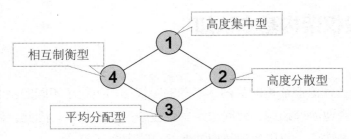

图 3-2　股权架构的类型

（一）高度集中型

高度集中型的股权结构容易形成"一股独大"的局面，企业最大的股东掌握了超过 50% 的股权，对企业的经营事务拥有绝对的话语权。这样的股权结构让控股股东对企业拥有绝对的控制权，一定程度上，可以提高企业的决策效率。同时，股权的集中也使大股东有足够的动机和能力加强对管理层的监督，有效解决双方存在的代理问题，并降低代理成本。

但是这样"一言堂"式的管理模式，让企业的董事会、股东大会等形同虚设，小股东手中的投票权对于企业的治理没有任何约束力。这样缺乏制衡的股权结构，很容易将大股东的个人行为与企业行为混同，从而导致决策失误、资金流向不透明，增大企业的经营风险。

高度集中型的股权结构非常不利于企业上市。当大股东的控制权缺乏企业其他利益相关者的监督和制约时，极有可能通过损害其他中小股东的利益来为自己牟取私利，从而产生"隧道效应"。所以，高度集中型的股权结构往往难以使企业走得更加长远。

比如，2014 年 5 月 18 日，曾经被誉为最火的自媒体——罗辑思维，宣布正式散伙。散伙的原因就是公司内部高度集中的股权结构。公司创立初期，按照出资比例确定股权分配，此时申音占股 82.35%，而罗振宇占股比例仅有 17.65%。

但随着公司进入高速发展期，前期投入的资金对公司发展的贡献逐渐变小，而由罗振宇负责的内容逐渐显示出优秀的商业价值。时间一长，对公司业务拥有最大贡献价值的罗振宇却只拥有很少的股份比例，这种不合理的股权结构注定了申音和罗振宇终将分道扬镳的结局。

（二）高度分散型

高度分散型的股权结构又走向了另外一种极端，企业的经营权和所有权完全分离，股权分散在大量的股东手中，单个股东所持有的股份比例在 10% 以下。

直观来看，大量股东持有企业股权可以降低企业股份的流动性风险，从而带来良好的流动性收益。同时，在这种情况下，股东持有的股权份额相近，权利相当，从而在股东间自动形成一种制衡机制，确保了企业决策的民主性。

但是，一方面，高度分散的股权也降低了股东监督企业管理的积极性，使股东产生了"搭便车"的侥幸心理，寄希望于企业的其他股东，而自己则坐享其成。另一方面，由于股东数量众多，决策意见往往难以达成一致，从而降低了企业的反应速度，导致企业错失发展机遇。

股权的高度分散和制衡，在欧美的国际大型商业银行里较为常见。

（三）平均分配型

平均分配型的股权结构，可谓是所有结构里最差的分配方式了。企业股东之间的股权分配比例相差不大，甚至是等比例分配。

表面上看，平均分配股权代表了创始人追求绝对公平的决心，但实际上却埋藏着两个巨大的隐患。首先，当面对企业的重大经营决策时，拥有相同股权的股东如果意见无法统一，容易使决策讨论陷入僵局，往往会错失业务发展的机遇。其次，随着企业后期的不断融资，平均股权的设计很容易使创始人的股权比例被不断稀释，从而丧失了对企业的控制权和话语权。

比如，A 公司获得了 B 资本和 C 资本共 1.5 亿元的投资金额。而此时，A 公司的股权结构分配为甲占比 47%，乙占比 47%，两家投资机构分别占比 3%。

作为投资方，B 资本和 C 资本都非常看好甲的经营能力，无论是在股东会还是董事会上都毫无保留地支持甲。这样一来，乙即使掌握了 47% 的股权，也逐渐被边缘化，丧失了对公司治理的话语权。心有不甘的乙开始发起了对公司内部控制权的争夺战，最终把昔日的创业伙伴送进了监狱，酿成了无可挽回的悲剧。

（四）相互制衡型

相互制衡型是目前企业中最常见的股权结构类型。企业拥有一个较大的相对控股股东，同时还拥有其他的大股东，持股比例在 10% ～ 50%，共同形成制衡关系。

这样，一方面，由于股权相对集中，提高了大股东们加强监督企业经营管理的意识，减少了经营团队和股东之间的代理摩擦和成本。另一方面，由于大股东们自身的股权利益分配不均衡，无形中也会形成彼此相互制衡的约束机制，从而有效避免了大股东之间相互勾结损害其他中小股东利益的情况发生。

相互制衡型的股权结构虽然成功解决了其他三种股权结构所带来的问题，但同时也产生了新的问题。首当其冲的就是大股东们容易对控制权进行争夺，由于大股东们的持股比例相差不多，很容易出现拉拢小股东而掌握企业控制权的情况。一旦企业陷入内部权利的斗争，企业的业务也会受到相应的影响，严重的甚至会导致企业业务瘫痪。

第二节　股权架构设计理念

股权架构设计解决的不仅仅是股权比例分割的问题，而且要将创业企业生存、发展所需的各种资源合理地拼接利用起来，实现企业和各利益相关者之间的共赢局面。

一、股权架构设计的目的

股权所涉及的利益相关者主要有五类，即创始人、合伙人、核心员工、投资人、外部合作伙伴。从利益相关者的视角来看，企业进行股权架构设计的目的，主要如图 3-3 所示。

图 3-3　股权架构设计的目的

（一）维护创始人的控制权

应保障企业战略和运营的稳定性，不要因为股权问题造成决策权旁落，从而导致企业"改姓"，不利于企业发展。一般情况下，创始人的变更都会造成企业一定程度的损失，尤其是处于高速发展阶段的企业，所以股权设计一定要保障创始人的控制权。

（二）凝聚合伙人团队力量

有效的股权设计，可以让合伙人之间拥有互相认同的标准，不会因贡献不同而产生矛盾。还可以让团队坚如磐石，平衡合伙人团队的利益与贡献。

（三）让员工分享财富效应

股权的激励效应和股权的财富效应是统一的。股权是一种财产权，对于员工来说，拥有的股权如果能够通过资本市场变现并获得成倍的回报，是一个从物质上和精神上激励团队的重要法宝。通过股权设计，可以让员工分享创业打拼的成果，激发员工创业打拼的活力。

（四）促进投资者进入

创业打拼的过程中，通过股权置换资金进行股权融资，是经常发生的资本操作行为。好的股权结构，让专业投资人愿意进入；而不好的股权结构，则面临团队内部的利益和决策风险。如果企业经营的稳定性差，投资人一旦觉得承担的潜在风险较高，就不愿意进行投资。所以股权设计，要为吸引投资人进入留下空间和接口。

（五）整合上下游资源

股权是企业家的底牌，对外可以进行资源置换或激励。但如何通过最少的股权撬动最大的资源，如何通过最优化的股权交易结构来维护企业的利益？就需要对股权进行设计。

（六）避开上市障碍，开展资本运作

股权结构和规则安排，要合乎潜在的资本市场规则，不能有硬伤，以免影响未来上市的进程。有一些股权结构会导致关联交易、同业竞争等问题，所以在企业初创及股权结构设计的时候，就应该考虑如何避开上市障碍这个问题。

> **小提示**
>
> 企业在设计股权架构时，往往要在几个利益主体之间进行平衡与控制，协调各个利益主体之间的权利安排，并根据不同的目的和导向进行不同的股权结构设计。

二、股权架构设计的原则

股权结构就像大楼的架构，核心主体为公司股权结构、项目子公司股权结构，关联公司为交易结构。没有设计好大楼的架构，施工团队再出色也不可能创造出摩天大楼，股权设计也一样。股权设计一定要先确定设计原则，然后在这个原则框架里，再填充公司的血肉，这样才能形成一个完美的股权架构。股权架构设计的原则如图3-4所示。

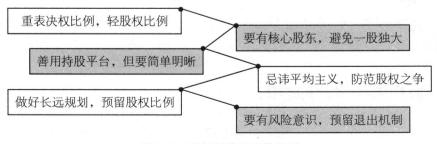

图3-4 股权架构设计的原则

（一）重表决权比例，轻股权比例

表决权比例不一定要与股权比例对等，可以通过公司章程等相关文件作出特殊约定。

在设计股权结构时，一定要控制好表决权比例，确保公司的绝对控制权。

（二）要有核心股东，避免一股独大

股权结构不能过于分散，要有核心股东。在未上市之前至少要有一位控股股东负责公司的经营决策，确保股权有一定的集中度，同时也要避免一股独大。

（三）善用持股平台，但要简单明晰

用好持股平台，可以让公司在税收、控制权方面保持效率，并有利于优化公司治理体系和 HRBP 执行体系。同时，公司的股权结构要清晰明了，外部投资机构在进行股权投资的时候，会充分考察公司创业团队、管理层能力、创新创造能力等。

（四）忌讳平均主义，防范股权之争

股权设计中最忌讳的就是平均分配，当公司发展到一定程度，一旦出现利益分配和经营理念差异，就会出现股权纠纷。在股权设计之初要尽可能避免五五分、三三三分的情况。

（五）做好长远规划，预留股权比例

股权结构随着公司的发展而变化，在设计的时候需要制订长远规划，为应对市场、公司自身经营状况、股权投融资等预留一定比例的股权，以保证股权设计的动态性。

（六）要有风险意识，预留退出机制

股权设计一定不能忽略风险意识，要制定相关的危机处理预案，以避免因为一些小麻烦而造成大危机。

同时约定股权退出机制和退出方式，特别对于个别小股东捣乱的问题，要建立清晰的股权奖惩机制。

三、股权架构设计的时机

股权设计不是一成不变的，随着企业的发展和市场格局的变化，需要适时地对企业的股权结构、各股东的股份比例进行合理合法的优化调整。一般来说，当企业处于以下

四个阶段，就要考虑变动股权设计了。

（一）企业引入新股东时

引入新股东，包括引入各类合伙人，如资本合伙人、技术合伙人和产业合伙人等。有些合伙人需要进行股权交换，有些合伙人只需要进行既有利益置换。不同行业引入合伙人以后，会对参与企业管理与经营的高级别合伙人，进行股权激励或者股份划分。特别是企业成立以后，除了联合创始人以外，对资源和资本关联的股东合伙人，需要进行合理的股份分配。

另外，股权融资能为企业源源不断地注入血液，新股东通常都是使用股权换资源，从而形成以外来资源为导向的股权变动，形成新的股权结构。

（二）企业发展上新台阶时

企业在不同发展阶段，需要根据对应阶段的实际状况进行股权设计。

企业创始时期，可能就只有几个创始合伙人或者创始股东，股权结构是比较简单的一维结构，股权与股份比例也相对比较稳定。而当企业进入成长期后，就需要不断引入外部资金和资源，特别是开启融资以后，企业会增加很多外来资本股东。为了降低股东的制衡度，避免企业运营受到干扰，企业开始对股权进行拆分和合并。这时候的股权设计就显得非常重要了，很多企业在高速成长时期，会因为股权和利益分配问题而分崩离析。

如果企业比较专注主营业务，可以保留平行股权结构。如果企业需要上下游供应链参与，或者开启内部股权激励机制，就应该进行股权结构优化。

（三）企业进行经营业务整合时

企业进行经营业务整合时，包括收购供应链企业，股权结构就需要向集团化迈进，通过事业集群的方式进行业务部署与经营，使股权结构呈现多样化和多维度。

（四）企业并购或者交换股份（置换股权）时

对于相对比较成熟的上市公司，一般都会围绕着业务及产业链的需要，不断对外并购，把一些相关公司纳入到自己公司产业链的上下游。因此，这个阶段仍然需要股权设计。

四、股权架构设计应考虑的因素

企业在创立之初进行股权架构设计时，至少要关注图 3-5 所示的五大因素。

图 3-5　股权架构设计应考虑的因素

（一）战略因素

战略是一种长远的方向和目标，对于企业创始人而言，在创立企业之初，必定要有一个创业方向和目标。

不论选择什么创业方向，创始人之间协商约定的持股比例、利润分配等事项一定要有利于企业持续健康的发展，否则，就会出现股权设计不合理，导致股东在企业融资、投资、对外合作模式、经营方向、范围调整、并购、重组、产品定位、服务模式、人才吸纳等重大战略事项的决策上产生分歧，以致错失重大发展机遇。这就要求企业创设之初的战略定位一定要清晰，并在此基础上，结合创始人的水平和能力，综合考虑经营参与度和贡献度，科学合理地划分各个股东的持股比例。

比如，创始合作伙伴为三个人，那么就要考虑在重大决策时，由谁来行使决策权，由谁来持大股等问题。

（二）商业模式

选择怎样的商业模式，就要选择与之相匹配的股权设计。

比如，甲、乙选择的商业模式是开展财税培训教育服务，甲是营销人才，负责市场开拓获客；乙是财税培训讲师，负责讲课。在这种商业模式下，乙的贡献度较甲而言更大，在股权持有比例上，可以考虑乙来占大股；如果考虑专家思维的固有局限性，不利于后续以市场思维把企业做大做强，也可以考虑由甲来占大股，行使重大事项的决策权，但在利润分配机制上可能就要作出向乙倾斜的约定了。

又如，甲、乙、丙的商业模式是从事果园经营业务，甲依然是市场人才，负责市场开拓；乙是财税专家，负责企业财务工作；丙为果树种植技术专家。如此一来，同样作为财税专家的乙，贡献度就大大降低了，那么在股权设计时，乙的持股比例相较于财税培训服务的商业模式，就应该占比少一些。

（三）心理因素

心理因素是一个在股权设计时很少考虑的因素，但它却是一个会对企业经营产生重大影响的因素。股权设计，名为股东持股比例的多寡，但实为股东个人综合实力的排序。

股东之间一定要对企业重大决策达成一致的认同和敬畏，否则，股东之间一旦存在"口服心不服""表面上和颜悦色，暗地里波涛汹涌"的局面，就会在企业定位、贡献、利润分配上产生矛盾。股东之间明争暗斗的内耗会对企业品牌、业务带来极大的冲击。

实务中，企业股东因意见不合，一拍两散，甚至对簿公堂、将对方送进监狱的事也常有发生。企业一定要有一个在人品和能力上让大家心服口服的领导者，因为领导者的眼界、格局、远见决定了产品和服务的定位和质量，也决定了企业前景和未来。有这么一个公认的灵魂人物存在，能很好地平衡、协调股东和团队人员之间的心理状态和利益分配。

（四）法律因素

企业股权层面上的纠纷，往往是股东的利益之争，这通常在股权设计之初就埋下的祸根。

比如，《民法典》第一千二百五十九条规定，民法所称的"以上""以下""以内""届满"，包括本数；所称的"不满""超过""以外"，不包括本数。

如果存在法律盲区，在股权协议约定中，股东对以上、以下、超过、不满没有概念，按照生活习惯想当然地将"以上"理解为不包含本数，那么后续一旦产生利益纠纷，势必会付出相应的代价。如果股东弄不清股权设计下以及经营过程中自身拥有的权利和义务，建议寻求法律专家的协助，以免因对法律无知而导致重大经营风险的发生。

（五）财税因素

当企业股权架构搭建完成，正式启动经营业务后，企业的财务处理和纳税方式在一定程度上就已经确定了。企业在财务方面主要体现了资金的流动，资金的流入主要产生收入，资金的流出主要反映成本费用支出，收入和成本费用的差额形成利润。在追求企业利润的过程中，要想实现最大的效益，在财务预算管理层面一定要做好资金把控，量入为出，稳健经营，合理分配利益，防范资金挪用、职务侵占等风险。

基于财务层面会产生纳税义务，企业应充分利用不同组织形式在纳税方面的优势，结合自身的收益和风险，对业务进行合理组合或者拆分，搭建出最优的股权结构，充分享受税收优惠，防范经营风险。

比如，常用有限合伙企业作为持股平台，隔离股东经营风险，保障股东控制权，实现纳税优化等。

学习笔记

　　通过学习本章内容，想必您已经有了不少学习心得，请仔细写下来，以便继续巩固学习。如果您在学习中遇到了一些难点，也请如实写下来，以便今后重复学习，彻底解决这些难点。

我的学习心得：

1. _____
2. _____
3. _____
4. _____
5. _____

我的学习难点：

1. _____
2. _____
3. _____
4. _____
5. _____

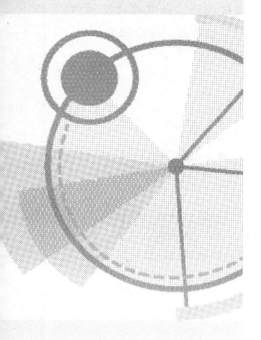

第四章

股权架构设计要素

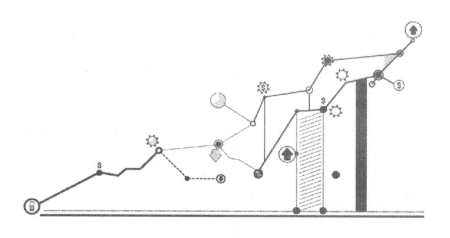

⇨ 速成指引

　　股权的分配和设计，就像大楼的地基。正确的股权设计、合理的股权结构，可以明确股东之间的权责利，体现各股东对企业的贡献、享有的利益分配和权利。

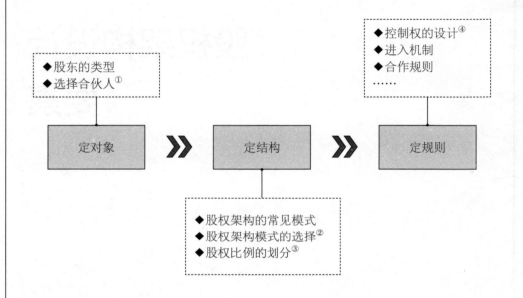

图示说明：

　　①一般来说，满足三个条件，就可以成为合伙人：合伙人之间的业务知识与能力要互补与耦合；合伙人之间要信任、有价值认同感，最好能有情感共鸣；合伙人之间利益与权利安排要公平合理。

　　②在设计股权结构的时候，要根据企业业务的复杂性、合伙团队的复杂性来选择合适的股权架构模式。

　　③对于一元股权结构来说，股权比例基本上就是出资额；对于二元股权结构来说，股权比例代表出资额比例，至于表决权和分红权，可以通过章程或全体股东会议来约定；对于多元化股权结构来说，股权比例往往通过不同贡献进行测算加总得到。

　　④要想确保创始人的控制权，除了采用同股不同权的二元股权结构，将决策权留给创始人，将分红权分配给其他合伙人和投资人外，还可以应用以下法律工具：公司章程、投票权委托、一致行动协议、持股平台、合伙人制度。

第一节　定对象

股权架构设计的第一要素就是定对象，即股东的构成。股东构成对企业而言意义重大。可以说，很多企业的命运，从成立初期确定股东结构时就已经注定。作为企业的决策者与最终受益者，股东拥有什么样的资源与能力，往往决定了能制定出什么样的企业战略、聘请什么样的人才、整合什么样的资源。

一、股东的类型

股权架构需要考虑的要素之一，是企业内部各子公司的相互关系。出于适应战略、隔离风险、掌握控制权等考虑，企业往往需要设置不止一家子公司的股权结构。

根据价值定位，企业可能设置的子公司分为五个层级。

第一层是控股层，一般由创始人与家族成员完全持股，控制旗下所有公司；第二层是投资层，一般只设置负责投资的公司主体，不涉及具体的产业运营；第三层是资本层，即资本运作的主体，也是推动未来上市的主体公司；第四层是产业层，即资本层下设的负责具体产业运营的公司；第五层是业务层，即产业层下设的负责各业务板块运营的公司，如图 4-1 所示。

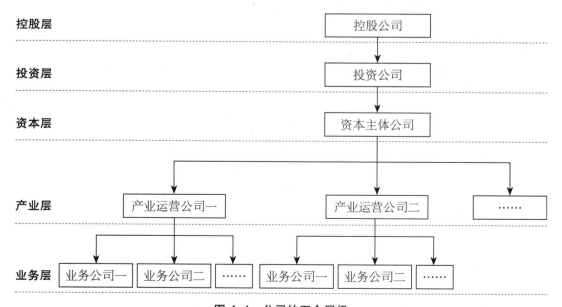

图 4-1　公司的五个层级

自上而下，每个层级扮演着不同的角色。第一层往往出于家族传承的考虑，第二层、第三层为了便于资本运作，第四层及以下主要适应产业布局与业务经营。越往下的公司，越偏向具体的业务经营；越往上的公司，越偏向资本运作。

以上五层级公司基本覆盖了企业发展的所有需求。对于很多中小企业，不需要同时设置所有层级公司，可以根据自身发展阶段，适时设置满足不同需求的公司。

比如，企业在发展初期以业务经营为主，设置产业或业务公司足矣。随着业务扩张，可以不断设置业务子公司。然后再从资本层、投资层设置公司，与产业层、业务层相隔离。

确定公司层级与相互关系后，股权架构的主体已经明晰。接下来再针对每一家公司，思考三个要素：一是股东构成，二是持股方式，三是股权比例。

控股层和资本层主要为创始人与核心团队的资本运作服务，因此这两层公司的股东往往由创始人、核心团队与家族成员构成。

资本层往下的所有公司，因为兼顾业务发展与资本运作需要，股东构成更加多元化。股东构成通常有图4-2所示的五类。

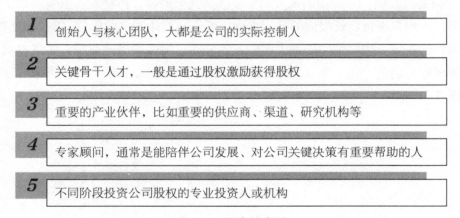

图4-2　股东的类型

具体到每家公司的股东构成，需要结合公司的商业模式、发展战略等来确定。

比如，微信是拼多多重要的流量入口，也是其实现快速扩张的重要资源。所以拼多多成立初期，就引入腾讯成为其大股东之一。

二、选择合伙人

股权架构的背后，是合伙人之间的交易机制，即如何搭建创业合伙团队。换一个角度来讲，就是什么样的人适合做合伙人，什么样的人适合获得股权，这也是股权架构要考虑的最基础的问题。

（一）合伙人的选择标准

一般来说，满足图 4-3 所示的三个条件，就可以成为合伙人。

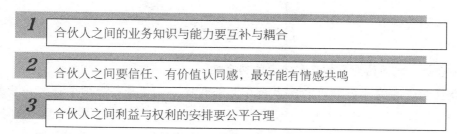

图 4-3　选择合伙人的条件

满足以上三个条件的合伙人团队大都是优秀的合伙人团队。当然，这些条件只是一个标尺，企业可以根据实际情况适当放宽要求。

同时，要注意避免让图 4-4 所示的四种人成为股东，尤其是成为早期股东。

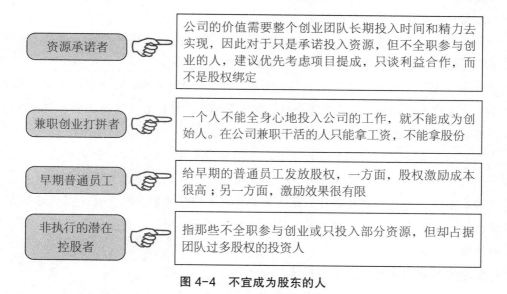

图 4-4　不宜成为股东的人

（二）确定核心领导

在明确股东对象的前提下，要准确地确定团队的核心领导。这个团队的核心领导要担当重任，帮助团队指明方向，对重大事项进行决策，落实团队创业打拼的基石，对企业的经营管理负最大责任，在企业危机时首当其冲。

（三）明确分工

对合伙人也要明确角色分工与职能，界定彼此的角色扮演与责任担当，这是非常重要的。

相关链接 ‹

合伙人的选择标准

1.合伙人之间的业务知识和能力的耦合性

合伙人之间的业务知识和能力应该互补和耦合，这是创业的基础。一般来说，每个合伙人都有各自的分工与职责。随着公司的发展，各种职能都有可能出现在组织体系中，创始人不是万能的，需要合伙人分担，这就要求每个合伙人都能够独当一面。

业务知识和能力的互补性要求，是业务运营的基础保障。在实际创业过程中，合伙人的分工安排，可以根据业务模块进行划分；也可以根据预期的工作量和战略重要性进行划分；还可以根据预期投入的类型进行划分，分为技术型合伙人、管理型合伙人、资源型合伙人等。

2.信任与价值认同的情感共鸣

真正的合伙人，在人生观、价值观上的重叠度比较高，这样才能走得长走得远，很多问题都能够实现同频共振，很多矛盾都会化解于无形。

如果合伙人在内在价值认同上存在偏差，双方重叠度太小，就会造成潜在的风险。选择合伙人的渠道，可以通过熟人介绍、朋友介绍，这样就有一定的了解和信任基础，能够更容易判断彼此价值认同的一致性。

同频的人在一起，使一加一大于二，不同频的人在一起，使一加一小于二。同频的合伙人在一起，会逐步建立起公司的企业文化，变成未来招聘员工的一种导向，这是很多优秀的公司都具有的特征。而如果合伙人的价值认同差距很大，则很难形成企业层面的文化。未来公司规模变大、员工人数变多时，缺少了价值观的凝聚，员工会比较涣散，容易形成小团体。

3.利益和权利安排的公平合理性

这是合伙人之间在利益和权利方面的合作规则。怎么运营管理，怎么分配利益，合作过程中出现重大问题后怎么解决等一系列的事情，都要提前安排清楚。

创业初始，大家都是抱着长期合作的态度，但是实践中，有很多的企业会出现创始团队出走、合伙人中途离队等情况。其中很重要的原因就是，合伙人靠感情维系，团队没有规则、没有章法，当外部利益诱惑足够大或者分歧足够大的时候，合伙人之间就会出现矛盾。

所以，合伙人之间的相处，只能依靠规则。《公司法》有明确的治理机制和规则，而企业内部也需要设计更加自治化的顶层规则——合伙股权的顶层利益机制和决策机制。

第二节 定架构

确定好合伙人的团队后，接下来最关键的就是明确合伙人团队之间的股权结构分布，即定结构，这也是股权架构设计的关键之处。

一、股权架构的常见模式

常见的股权架构有以下三种模式。

（一）一元股权结构

一元股权架构，即同股同权，股东按照所持有的股权比例行使表决权和分红权，股东的股权比例、表决权（投票权）、分红权是一一对应的。这是最简单、最传统的股权架构类型。

比如，甲、乙、丙合伙成立公司，注册资金100万元，甲方投入50万元，乙方投入30万元，丙方投入20万元，那么一元股权架构的意思是说，甲方拥有50%的分红权、50%的表决权，所有针对股权的权利都是与股权比例直接挂钩的，股权比例就意味着几方的权利分布。

在一元股权结构中，所有股东的权利差别全部来自于股东之间的出资差异。

采用这种股权架构，看似解决了股权分配的难题，但由于股东之间的股权比例只能根据出资来确定，这对于企业的创始人而言，对企业控制权的掌握缺少了自主性和灵活性，甚至很容易因企业融资、他人恶意争夺企业控制权，或是其他意外变故而丧失了对企业的控制。

这种股权架构是最普遍的类型，很多企业都采用一元股权架构。在这种股权架构下，股权结构的安排应当牢记企业股权的九条生命线，如表4-1所示。

表 4-1 股权的九条生命线

序号	持股比例	生命线	具体说明
1	67% 以上	绝对控制权	可决策公司的重大事宜，如修改公司章程、增加或者减少注册资本，以及公司合并、分立、解散或者变更公司形式等
2	51%	相对控股权	有权决策公司大部分事项，如聘请独立董事、选举董事、董事长，聘请审议机构，聘请会计师事务所，聘请、解聘总经理等
3	34%	一票否决权	与 67% 相对，既然 2/3 表决权可以控制公司的重大事宜，反之，若某股东持有超过 1/3 的股权，那么对方就无法满足持股 2/3 了，该股东就具有一票否决权。一票否决只针对重大的事宜，不适用于其他仅需过半数以上通过的事宜
4	30%	上市公司要约收购线	根据《中华人民共和国证券法》（以下简称《证券法》）规定，通过证券交易所的证券交易，投资者持有一个上市公司已发行的有表决权的股份达到 30% 时，继续进行收购的，应当依法向该上市公司所有股东发出收购要约
5	20%	重大同业竞争警示线	投资方直接或是通过子公司间接持有被投资单位 20% 以上但低于 50% 有表决权的股份时，一般认为对被投资单位具有重大影响，即联营企业投资
6	10%	临时会议权	可提出质询/调查/起诉/清算/解散公司。《公司法》规定，股东大会应当每年召开一次会议，但单独或者合计持有公司 10% 以上股份的股东请求时，应当在两个月内召开临时股东大会
7	5%	重大股权变动警示线	这是对于上市公司来说的，《证券法》规定，重大股权变动达到 5% 及以上，需披露权益变动书
8	3%	临时提案权	单独或者合计持有公司 3% 以上股份的股东，可以在股东大会召开十日前提出临时提案并书面提交召集人
9	1%	代为诉讼权	也称派生诉讼权，可以间接地调查和起诉（提请监事会或董事会调查）。本条线适用于股份有限公司的股东，同时还必须满足持股一百八十日这一条件

（二）二元股权结构

顾名思义，二元股权结构是通过两个维度来反映股权的权利和价值。股权包括财产权、表决权、身份权等各类权利，凝聚在一起构成了全部的股东权利。

二元股权架构模式中，是可以将股权中的单项权利分离开的，也就是说，财产权和表决权可以分离开来，某些股东可以拥有更多的财产权份额，某些股东可以拥有更多的表决权份额。

比如，甲、乙、丙合伙成立公司，注册资金100万元，甲方投入50万元，乙方投入30万元，丙方投入20万元，那么在二元股权架构模式下，股东之间可以约定甲方持股50%，享有公司50%的表决权，也可以约定甲方享有公司60%的分红权。

财产权和表决权可以独立约定，分离处理，这就是二元股权架构模式。

最常见的二元股权架构模式就是A/B股模式，简单来讲，就是把公司的股票分为A和B两个不同的序列，其中，对外部投资者发行A序列的普通股票，一股一个投票权；而对管理层发行B序列的股票，一股可以拥有十个或者更多个投票权。这样把股权对应的投票表决权与分红权分离开来，可以保障管理层拥有更多的公司控制权。只不过，这种方式在国内资本市场上并不承认，没有配套的法律支撑，所以一般不采用，但在国外的资本市场上却是一种很常见的方式。

比如，××商城的股东在2012年2月通过议案，同意公司设立双层投票结构。管理层持有的股份每股代表20份表决权，其他股东持有的股份每股只能代表1份表决权。该议案巩固了管理层对于××商城的控制权，确保其在股东会上对重大议案有绝对发言权。

这就是二元股权架构模式，具有比较大的设计和优化空间。

（三）多元股权结构

多元股权结构是指将公司的股东分为创始人、合伙人、员工、投资人等多个利益关联主体，并对这些主体的股权进行动态和整体规划。将公司的股东按利益角色分为不同的类型，并针对他们的权利进行整体性安排，可以实现维护创始人控制权、凝聚合伙人团队、让下属员工分享公司财富、促进投资者进入等多重目标。

所以，多元股权结构能充分考虑公司各类主体间的利益关系以及各类主体对公司本身的贡献等多方因素，进行股权划分。

在这种结构中，可将公司整体的股权，按贡献度切割为图4-5所示的四个部分。

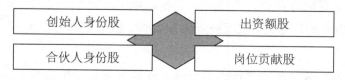

图4-5 多元股权架构的组成

1. 创始人身份股

创始人身份股对应的就是创始人的发起责任与使命，作为公司的领头人，承受的压力和首问责任、危机发生时的首当其冲、企业家精神和文化的传递等，是其他人所不可替代的价值，我们可以将其单独切割出来，用创始人身份股来表达。

2. 合伙人身份股

合伙人身份股对应的是所有合伙人全职创业打拼的参与感和责任感，作为公司发起人的助手，代表了担当和陪伴的价值。创业打拼过程中，合伙人能够独当一面，与创始人能力互补，互相信任，共同前行。这种价值我们也可以单独切割出来，用合伙人身份股来表达。

3. 出资额股

出资额股对应的是现金与现金等价物的价值，比如，现金投入、设备投入、办公场所投入等都可以是出资额股。

4. 岗位贡献股

岗位贡献股对应的是团队开展业务过程中的分工协作和岗位贡献，而这部分股权可以根据实际业务的绩效灵活分配。

以上四个部分加起来构成了 100% 的股权，而每个部分的股权都有独立的价值，每部分股权又可以按照二元股权架构那样，将财产权和表决权进行分离，构成更丰富的股权架构安排，从而解决具体的合伙股权问题。

二、股权架构模式的选择

在以上三种股权架构模式中，一元股权架构，只以股权比例作为权利标准，最简单、最常见，也最刚性；二元股权架构，将财产权和表决权分开处理，可以解决公司的控制权问题；而多元股权架构，将股权按贡献度分割，具有更大的灵活性，可以设计更复杂的利益关系安排。

我们在设计股权结构的时候，定结构阶段就应根据公司业务的复杂性、合伙团队的复杂性选择合适的股权架构模式。

如果你的企业合伙团队简单或者资金、资源更重要，采取一元股权架构就可以了，典型的资源型企业有能源企业、房地产企业等。如果出资方占绝大多数股权，控制着公司，享受公司的绝大部分回报，采用一元股权架构，按出资额分配股权，就会非常简单、有效。

如果你的企业中人才创造了更大的价值，比如人才驱动型企业、科技型企业等，这种情况下投资人投大钱占小股，那么不仅要在股权比例上进行约定，有时还需要将分红权和财产权进行分开设计。为了更好地体现人才的价值和对公司的战略控制权，可通过A/B股设计来达到特殊控制目的。

如果你的企业业务模式复杂，需要多方协作、各利益角色多元化，且企业是多种资源整合发展的，采取多元化股权架构，更能反映企业的真实利益关系和顶层机制。

三、股权比例的划分

股权设计定结构时还需要考虑多方股东的股权比例划分问题，尤其是初始股权比例的划分。

对于一元股权结构来说，股权比例基本上就是出资额；对于二元股权结构来说，股权比例代表出资额比例，至于表决权和分红权，可以通过章程或全体股东会议来约定；对于多元化股权结构来说，股权比例往往通过不同贡献进行测算加总得到。

 **相关链接**

创始人与合伙人如何分配股权

1. 与合伙人分配股权的理念

（1）以保持对公司的控制权为出发点

创始人为什么需要考虑对公司保持控制权？

比如，百度的创始人李彦宏，从进公司开始就一直是公司的灵魂人物，牢牢把握着控制权，带领着公司往前发展。而 1 号店的创始人于刚、雷士照明的创始人吴长江，已经不在公司的董事会里，也不在公司的管理岗位上，甚至连公司的股权也没有了。

以上所列举的都是公司的创始人，但他们在公司的境况却非常不同。造成这种情况的原因有很多，从法律上来讲，最主要的一个原因就是他们对公司控制权的把握不一样。

阿里、百度的创始人从公司初期到最后上市都牢牢把握住了公司的控制权，而 1 号店、雷士照明的创始人则因为一些共性的原因失去了对公司的控制权和控制地位。

（2）人比钱重要

创业公司首先需要的是"人合"，然后才是"资合"。合伙人一起创业，将要在一起走很长的路，必须相互信任。除此之外，还要考虑合伙人能不能对创业项目有贡献及合伙人之间能否形成优势互补等问题。

（3）合伙人一定要出资

合伙人之间不仅要相互信任、优势互补，还有一个重要的原则，就是可以共担风险。投资创业毕竟是有风险的，如果不愿意共担风险，又如何能同行？那么，如何体现共担风险，资金是最重要的考量因素。不出资，在很大程度上会被认为不愿意共担风险。

（4）股权结构要简单明晰。股权结构不明晰，不但会引发股东内部的矛盾，也会让外部投资人敬而远之。投资人经常说，投资就是投人。所以有一种说法叫"团队第一，项目第二"。这至少说明投资人非常看重人的因素，股权结构不明晰，说明股东层面无法达到"人合"。同时，股权结构不明晰，也会影响公司在资本市场的融资上市等。

2. 要避免"僵局"等相对不合理的股权比例

（1）绝对不要均分

均分股权是最差的股权结构。真功夫是股权均分的经典反面案例。均分会导致企业缺乏领袖核心和担当人物，创业成功率会相应降低。即使创业成功了，人的心态也可能会发生变化，因为有人会觉得在股比一样的情况下，自己付出更多，这时候各种各样的问题就会暴露出来。

（2）尽量不要一股独大或一人股东

创始人要保持对公司的控制权，但也不能一股独大。比如，持股比例为98%（创始人）：2%（其他合伙人）时，其他合伙人可能心里会不舒服，感觉能力与利益不匹配等，导致无法同心同行。而一人股东不仅有上述问题，如果公司在账目、财产上与股东个人分不清，还会造成股东与公司的人格混同，那么股东需要对公司的经营行为承担连带责任，故亦不可取。

（3）股权结构不宜过于分散

股权分散也可能导致上述的股权均分。股权分散导致小股东很多，大家都以股东自居，不利于公司管理，甚至导致管理层出现道德危机。另外，股东过多难以快速形成有效决策，会对股东决策造成一定的干扰。同时，外部投资人对分散的股权结构也会有所顾忌，从而影响融资进程。对此，建议利用有限合伙等持股平台归集小股东股份，同时也要对公司经营决策机制进行优化。

3. 如何较为合理地与合伙人分配股权

利益平衡是一个与合伙人分配股权的重要原则。股权分配实则是利益分配，依然绕不开人性。利益平衡才能最大限度地让人心理平衡，才能让合作伙伴一起走得更远。股权分配有原则但没有标准，以下介绍一些股东合作模式，仅供参考。

（1）两人股东时，股权怎么分

首先，还是要避免上述所说的股权均分、一股独大。两人股东有一种常见的股权比例，为65%：35%，这种情况下，创始人拥有决策权，但合伙人却在重大决策上拥有一票否决权，看似相互制约，但容易导致双方的博弈，不利于长期合作，故需及时调整。

其次，仍然要考虑保持控制权。比如，70%∶30% 或 80%∶20% 的股权比例可以让合伙人利益足够大，但又不影响大股东对公司的控制权及快速决策。

（2）三人股东时，股权怎么分

除了要避免股权均分、一股独大、利益博弈外，依然建议大股东保持控制权，比如，股权比例为 70%∶20%∶10%，或 60%∶30%∶10%。这些股权比例的安排不是绝对的，但至少是较为合理的。

（3）四人以上股东时，股权怎么分

四人以上的股权架构貌似有点复杂，但其实原理是一样的，除了避免股权均分、一股独大外，建议创始人至少要保住股权生命线中的一条线，比如绝对控股权（67%以上）、相对控股权（51%）、一票否决权（34%）等。保住生命线可以确保创始人享有一定的话语权，不会导致创业成空。

第三节　定规则

定好股权结构之后，我们要明确一些基本的治理规则，也就是定规则。这是定对象、定结构后的第三个要素，也是股权架构安排的重要部分。

一、控制权的设计

合伙创业时强调控制权，不仅能保证公司在统一的管理层领导下前进，还能够保障公司战略的一致性，使公司更容易成功。我们不能说创始人拥有了控制权，公司就一定能够成功；但创始人一旦丧失了对公司的控制权，便是公司走向失败的开端。

控制权就是创始人或者管理团队通过股权比例或股权架构的安排，来达到控制公司经营管理事项的目的，同时拥有对公司重大业务或人事的决定权。

要想确保创始人的控制权，除了采用同股不同权的二元股权结构，将决策权留给创始人，将分红权分配给其他合伙人和投资人外，还可以利用图 4-6 所示的法律工具。

1.公司章程

公司章程是公司的基本法，也是《公司法》赋予公司运营管理权利的高度体现。《公司法》规定，股东会的议事方式和表决程序，除了《公司法》有关规定外，由公司章程

图 4-6　实现创始人对公司的实际控制权的法律工具

确定。因此，公司创始人可以通过制定个性化的公司章程，将公司的控制权牢牢地掌控在自己手上。

公司章程可以约定如下事项。

（1）分红比例与出资比例不一致。

（2）不按出资比例优先认缴出资。

（3）股东持股比例可与出资比例不一致。

（4）表决权可与出资比例不一致。

（5）剥夺股权转让时其他股东的同意权。

（6）限制股权转让时其他股东的优先认购权。

（7）排除股东资格的继承。

（8）书面形式行使股东会职权。

（9）召开股东会定期会议的期限。

（10）召开股东会会议的通知期限。

（11）股东会的议事方式和表决程序。

（12）董事长和副董事长的产生办法。

（13）董事会的议事方式和表决程序。

（14）执行董事的职权。

2. 投票权委托

所谓委托投票权控制，即持有小比例股权的实控人，以协议方式，获得其他股东的投票权委托，在股东会或股东大会中，占据优势表决权比例，从而实现对公司的控制。

这种控制模式中，最关键的就是争取到其他股东的信任与支持，与实控人签署委托投票权协议。有了这个协议以后，再加上《公司法》和公司章程，就可以形成一个完整的控制链条。

小提示

　　实控人持有小比例股权，无法单独在股东会或股东大会中形成表决权优势，但有了委托投票权，所控制的表决权超过1/2甚至2/3，就可以实现控制了。

3. 一致行动协议

　　创始人可以与创始团队其他股东签署一致行动协议，约定各方在公司议事表决时按照同一意见进行表决，其他股东与创始人出现意见不一致的情况，应按照创始人意见进行表决。

　　一致行动协议的内容通常体现为，一致行动人同意在其作为公司股东期间，在行使提案权、表决权等股东权利时作出相同的意思表示，以其中某方意见作为一致行动的意见，以巩固该方在公司中的控制地位。

4. 设立持股平台

　　设立有限合伙企业、有限公司等类型的持股平台。

　　比如，设立有限合伙企业作为共同持股平台，创始团队其他股东和员工成为合伙企业平台的有限合伙人（LP），不参与合伙平台的决策管理，只是通过合伙份额间接持有公司一定比例的股权，并且一般只能通过转让合伙份额的方式间接转让其对公司的财产性股权权益，保持公司层面的股权结构稳定。而创始人成为普通合伙人／执行事务合伙人（GP），并代表合伙企业行使对公司的投票表决权，从而实现对公司的有效控制。

　　又如，设立有限责任公司作为共同持股平台，创始股东会成为公司平台的法定代表人和执行董事、经理，从而形成实际控制权。

5. 合伙人制度

　　合伙人制度也是创始人为了捍卫自己对公司的控制权而设计的，与二元股权结构相似，合伙人制度赋予合伙人对公司远超其持股比例的控制权。但合伙人制度与二元股权结构模式相比有其特殊性，该制度主要通过公司章程特别约定，赋予创始人永久合伙人身份以及提名董事会中半数以上董事的权利。

　　董事会是公司的经营决策机构，在公司经营管理中起着重要的作用。由于董事会的决策机制有别于股东会，实行一人一票制，创始人通过董事提名权就可以实现对公司的控制权。

　　实践中，合伙人制度有两个核心构件，如图4-7所示。

　　（1）要明确合伙人身份的取得方式

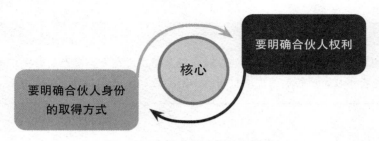

图 4-7　合伙人制度的核心构件

公司章程可以规定一位或数位公司创始人为最初的合伙人，最初的合伙人通过一人一票的方式从公司的管理层中推荐新的合伙人，被推荐的人只有获得一定比例原合伙人的支持，才能够成为新的合伙人。

此外，合伙人还分为永久合伙人和一般合伙人，核心创始人为永久合伙人，不加任何期限限制。其他合伙人为一般合伙人，若其绩效不达标、退休、离职或者被除名，就不具有公司合伙人的身份和权利。

（2）要明确合伙人权利

合伙人可以提名董事候选人，其提名的候选人只要获得股东大会半数以上的支持，即可成为新的董事。如果合伙人提名的候选人未获得股东大会通过，合伙人无须经股东大会同意，有权指定临时董事暂行董事职权直到下届年度股东大会召开。

此外，合伙人制度还可以强化要求"取消或变更合伙人的董事提名权，需经过股东大会某比例以上投票权表决通过"。只要公司创始人团队的持股合计保持一定比例，就不可能出现取消或变更合伙人董事提名权的情况。

二、进入机制

股权架构设计中，必要的进入机制一定要有，这可以帮助创始人团队筛选合伙人、投资人。

合伙人的进入规则是指什么时候、什么条件的合伙人可以加入公司变成股东，通过什么程序加入公司，在此过程中谁来表决、怎么表决等。

这条规则，可以让合伙人团队保持灵活性，让合伙人可进可退，并代表公司的利益。

比如，××公司对于合伙人的进入条件与方式有如下规定。

进入条件：根据公司发展实际情况及需要，拟引入股东需与原股东志同道合，对企业的发展能有所帮助，并符合公司章程规定或经董事会（或股东会）批准。

进入方式：如引入新的股东，原股东同意以同比例稀释的方式或原股东一致书面同意的方式向其转让股权。

三、合作规则

合伙人之间的协作机制、角色定位，都要约定清楚，这些可以通过合伙协议来约定。

（一）合伙人之间分工要细化

如果没有明确的工作规则，一旦公司步入正轨，就很难决定各自的分工。

分工明确以后，灵活描述工作内容也是合作的关键。为了公司的利益，有时候甚至要模糊界限。

比如，某项工作无论是不是属于你的责任范畴，当涉及公司利益时，你都责无旁贷，这时越界也无可厚非，你要果断参与本职之外的工作。

（二）合伙人之间责任要明晰

分工越明确，合作越见成效。即使工作描述已经很清楚了，仍要就各个层面进行深入的探讨，以明确每个合伙人的职责。可通过公司章程、合伙协议、文件等形式明确合伙人的责任范围，然后在每个范围内将所有工作细化。

比如，对于负责销售的合伙人，要明确他是否负责销售结构、赔偿和新客户开发等工作。

明确了责任之后，要经常审视这些责任范围，以适应企业的高速发展。

（三）合伙人之间沟通要顺畅

经常性的沟通是要让合伙人都能对公司发展有一个完整清晰的认识。成功的合伙人团队的共同之处在于，他们对于公司具有相同的价值观，并坚信公司的成功高于一切。他们高度关注公司经营领域内的一切，共同的信念让他们彼此信任，相信对方能做好分内之事。

四、股权架构动态调整机制

股权的价值取决于各个股东对公司的价值贡献、员工的绩效表现、公司自身的业绩表现等多重因素。由于公司在不断发展变化，按照最初想法设计的股权架构随着时间的推移可能会出现股东付出与回报不对等的问题，因此需要对股权架构进行动态调整，具体过程如图 4-8 所示。

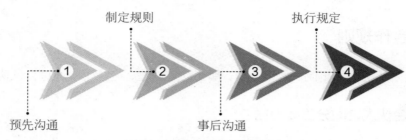

图 4-8　股权动态调整的过程

（一）预先沟通

针对不同类型的股东或投资人，沟通方法也各不相同。

（1）对于初创团队股东及员工，在沟通过程中，最好能够确定一个公信力比较强、对全局有把控力的人作为主导协调方，比如控股股东、创始元老等，以保障沟通工作的顺利实施。

（2）对于外部投资人股东，可能就会依赖中介机构、公司内部总协调人等进行沟通，这也是投资过程的必备环节。

沟通的内容主要是针对未来退出设置的一系列标准、条件、计算公式等，在满足这些标准和条件时，一律要严格执行，将所有规则都说在前面，且说得越充分越好。

（二）制定规则

要想提高规则的可执行性，就必须充分关注程序上和实体上的公正性。

1. 程序上要透明公正

相关调整标准需要经过股东会的讨论，并在审议批准后作出决议。讨论确定的核心内容可以直接写入相关的股权转让协议、期权协议等文档中。

2. 实体上要周全到位

对初创团队股东及内部员工，可以考虑采用"成熟条款"进行动态调整。其要求是：新取得股权的股东，所持股权在约定时间内逐步"成熟"，已成熟部分的股权可以行使股东权利，未成熟部分如果出现股东离职等约定条件，可以由公司无偿收回。常见的成熟条件设置如下。

（1）按照工作时间设置成熟条件。在分期成熟模式下，可以按照公司的实际需求来确定股权成熟的条件。最常见的设置形式为，在一定时间内平均设置成熟速度。

比如，可以约定成熟期为 4 年，每年成熟 25%。

也可以约定在一定时间内加速或减速实现股权成熟。

比如，约定成熟期为4年，第一年成熟10%，第二年成熟20%，第三年成熟30%，第四年成熟40%等，减速的情况则相反。

（2）按照项目进度设置成熟条件。对于一些处于初创阶段的公司或者按照项目经营的公司，项目进度是实际控制人或投资人最关心的问题，因此可以按照项目的进展速度设置成熟条件。

比如，针对公司的技术开发人员可以设置这样的成熟条件，完成产品的设计工作可成熟10%的股权，完成产品的研发并制作出样品可成熟20%，产品上市后可成熟30%，最后产品在质保期内无召回或验证无缺陷问题可成熟40%等。

（3）按照融资进度设置成熟条件。如果公司对融资有较高的要求时，也可以按照完成融资的进度设置成熟条件。

比如，当公司完成A轮融资时可成熟40%，完成B轮融资时可成熟30%，完成C轮融资时再成熟剩余的30%。

如果融资的轮数事先不能确定，也可以参考融资额度来设置成熟条件。

比如，融资1000万元可成熟40%，融资3000万元可成熟30%，融资5000万元可成熟剩余的30%等。

此外，还可以将公司的估值或者融资价格作为成熟条件。公司可根据自身情况确定合适的标准。

（4）按照项目业绩设置成熟条件。这是限制性股票最常用的方法，即事先确定持股人的业绩目标，当达成此目标时，股权可以一次性或者分期兑现，这种方法非常简单、直观。

> **小提示**
>
> 　　上面的规则主要适用于内部股东。如果跟外部投资人约定，标准会更加多元化。通常设定业绩指标，如果公司没有完成此指标，则需要按照事先确定的公式进行股权补偿或者现金补偿；如果超额完成指标，则要进行股权奖励或者现金奖励。

（三）事后沟通

当各方约定的触发股权调整的条件或标准实现后，就应按照规则执行。

对于外部投资人来说，严格执行双方的股东协议或载有类似内容的协议即可，只要双方都遵守契约精神，股权调整工作会相对比较容易。

内部创始团队股东以及员工的股权调整比较困难，这类调整即使事先有明确的规则，在执行之前最好也要进行沟通和交流，以消除情绪上的波动，争取各方的满意。这种类型的股权在很多情况下带有激励性质或信任性质，处理不慎将会损害相关股权持有人的积极性、忠诚度等，严重的还会带来团队的动荡。

虽然规则是各方一致达成的，但在具体落地执行之前再与相关股权持有人进行沟通，不仅体现了对其的尊重，更是对契约精神的尊重，有利于获取被调整股权的持有人对执行效果的认可。

（四）执行规则

执行过程中要注意相关文件手续的完备性与合规性。需要进行股权调整的，应依据规则严格执行股权转让的相关程序，避免遗留麻烦。

比如，合法作出的股东会决议、合规签署的股权转让协议、股东就放弃股权的无异议函、确认函等。

五、退出机制

公司的发展过程中总是会遇到核心人员的波动，特别是持有公司股权的合伙人退出团队。那么如何处理合伙人的股份，才能避免合伙人的股权问题影响公司的正常经营。

（一）提前约定退出机制，管理好合伙人预期

提前设定好股权退出机制，比如，合伙人退出公司后，应退回的股权和退回形式。创业公司的股权价值是所有合伙人持续、长期服务于公司赚取的，当合伙人退出公司后，其所持的股权应该按照一定的形式退出。这样一方面对公司里的其他合伙人更公平，另一方面也便于公司持续稳定的发展。

（二）股东中途退出，股权溢价回购

退出合伙人的股权回购只能按照约定的方式进行，退出时，公司可以按照当时公司的估值对合伙人手里的股权进行回购，回购的价格还可以按照当时公司估值的价格适当溢价。

（三）设定高额违约条款

为了防止合伙人退出公司但却不同意公司回购股权，可以在股东协议中设定高额的违约金。

 相关链接

合伙人退出机制中的常见问题

1. 合伙人退出时，该如何确定退出价格

股权回购实际上就是"买断"，对此，公司创始人可以考虑"一个原则，一个方法"。

"一个原则"，建议公司创始人对退出的合伙人，一方面，可以全部或部分收回股权；另一方面，必须承认合伙人的历史贡献，按照一定溢价或折价回购股权。这个基本原则，不仅仅关系到合伙人的退出，更关系到公司长远的文化建设。

"一个方法"，对于如何确定具体的退出价格，公司创始人应考虑两个因素，一个是退出价格基数，另一个是溢价或折价倍数。

比如，可以按照合伙人购买股权价格的一定溢价，或退出合伙人按照其持股比例可参与分配公司净资产或净利润的一定溢价回购，也可以按照公司最近一轮融资估值的一定折扣价回购。

至于选取哪个退出价格基数，不同商业模式的公司会存在差异。

很多互联网新经济公司都有类似情形，一方面，如果按照合伙人退出时可参与分配公司净利润的一定溢价回购，合伙人很可能在退出时被净身出户；另一方面，如果按照公司最近一轮融资估值的价格回购，公司又会面临很大的现金流压力。

因此，对于具体回购价格的确定，需要分析公司具体的商业模式，既要让退出合伙人可以分享公司成长收益，又不让公司有过大的现金流压力，还要预留一定的调整空间。

2. 合伙人股权分期成熟与离职回购股权的退出机制，是否可以写进公司章程

工商局通常要求企业用他们指定的章程模板，但是股权的这些退出机制很难直接写进公司章程。因此，合伙人之间可以另外签订协议，约定股权的退出机制。公司章程与股东协议尽量不要冲突，应在股东协议中约定，如果公司章程与股东协议相冲突，以股东协议为准。

3. 股权发放完后，发现合伙人拿到的股权与其贡献不匹配，该如何处理

公司股权一次性发给合伙人，但合伙人的贡献却是分期到位的，很容易造成股权与贡献不匹配。为了对冲这类风险，可以考虑以下方面。

（1）为了对双方负责，合伙人之间应经过一段磨合期。

（2）在创业初期，预留较大期权池，给后期股权调整预留空间。

（3）股权分期成熟与回购机制，本身也可以对冲这种不确定性风险。

4.合伙人离婚后股权的处理

如果合伙人离婚，婚后财产的处理，包括股权，很可能导致公司实际控制人发生变更。原则上，婚姻期间财产是夫妻双方共同财产，但是夫妻双方可以另外约定财产的归属。因此，配偶之间可以约定一方放弃就公司股权主张任何权利，给予其他经济性补偿。这样一方面，确保了离婚配偶不影响公司的经营决策管理；另一方面，保障了离婚配偶的经济性权利。

学习笔记

通过学习本章内容，想必您已经有了不少学习心得，请仔细写下来，以便继续巩固学习。如果您在学习中遇到了一些难点，也请如实写下来，以便今后重复学习，彻底解决这些难点。

我的学习心得：

1. _____
   _____
2. _____
   _____
3. _____
   _____
4. _____
   _____
5. _____
   _____

我的学习难点：

1. _____
   _____
2. _____
   _____
3. _____
   _____
4. _____
   _____
5. _____
   _____

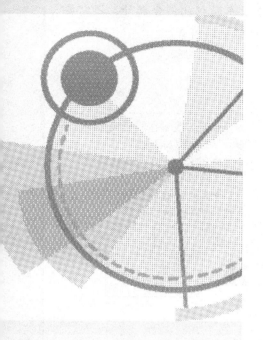

股权架构设计风险防范

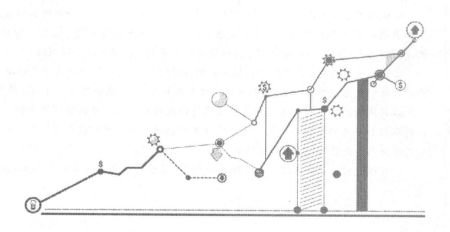

➱ 速成指引

公司股权架构设计风险防范除了在设计时要求股东股权比例合理外，还需要尽量排除各种导致公司股权结构变化并影响公司治理稳定的因素。

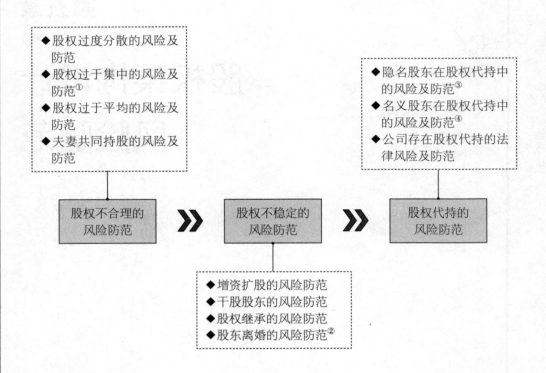

图示说明：

①股权过分集中，不仅不利于保护公司小股东的利益，影响公司的长期发展，而且对大股东本身也会带来不利影响。对此可以采取以下风险防范措施：授予股权，但谨慎授予投票权；构建"同票不同权"的投票机制；通过持股方式的创新，确保经营控制权。

②创始人为避免让自己的婚姻状况影响公司的发展，可以签订婚前财产协议/婚内财产协议；公司章程中也可以明确约定，创始人的股权系其个人财产，其配偶可出具相应的声明放弃所有权。

③该风险的防范措施有：确保股权代持协议的有效性；为取得股东资格，签订股权代持协议时取得公司其他股东的同意；设立股权质押担保；排除名义股东的财产权；由名义股东配偶出具承诺函；提前签订股权转让协议。

④该风险的防范措施有：确保隐名股东实缴出资；约定由隐名股东承担税费。

第一节　股权不合理的风险防范

一个稳定、合理的股权结构，是保证公司平稳运行的重要前提条件。不科学、不合理的公司股权架构隐藏着巨大的风险。

一、股权过度分散的风险及防范

（一）风险表现

股权分散有利于股东之间相互制约、保护中小股东的权益，也有利于保证公司的正常发展，是现代公司特别是股份有限公司的重要特征。但如果股权过于分散且较为平均，很有可能存在以下风险。

（1）各股东从公司获益有限，导致参与公司管理的热情不高。公司缺乏对股东的必要监督，容易被经理层控制，损害公司和股东利益。

（2）股东在公司重大决策中容易相互牵制，形成决策僵局，导致决策效率低下。

（二）风险防范措施

（1）在公司发展早期，要有一个核心股东作为实际控制人，担任重要职务并进行决策，以免公司治理成为僵局。创始人作为企业资源最重要的提供者，在公司发展早期持有公司 2/3 以上股权，形成绝对控股型股权结构，可方便管理层面高效地作出经营决策。

（2）公司进入快速发展期，为保持公司股权结构稳定和创始人的控制权，可以通过设立 A/B 股的方式实现同股不同权的二元股权结构，将决策权留给创始人，将分红权分配给其他合伙人和投资人。还可以应用投票权委托、一致行动协议、持股平台、合伙人制度等法律工具来实现创始人对企业的实际控制权。

（3）公司进入成熟期，创始人的股权比例会随着其他投资人或职业经理人的引入、上市减持等安排逐步降低，但一般不应低于10%，这样创始人在董事和监事都不履行召集股东会职责时可以自行召集和主持股东会，从而在某种程度上维持对公司重大决策的话语权。

二、股权过于集中的风险及防范

（一）风险表现

在实践当中，有不少公司只有一个主要的出资人，但为了规避我国法律对一人公司的较高限制，通常会寻找其他小股东共同设立公司。在这种情况下，大股东拥有公司的绝对股份，难免会出现公司股权过分集中的情况，公司一股独大，董事会、监事会和股东会形同虚设，"内部人控制"问题严重。

这种管理模式，在公司的创立初期，虽然可以帮助公司快速作出决策，以适当的冒险，获得经营上的成功；但公司进入规模化、多元化经营以后，由于缺乏制衡机制，决策失误的可能性就会增大，公司承担的风险无疑也会增加。

另外，一股独大，导致公司的任何经营决策都必须由大股东拍板，其他小股东会逐渐丧失参与公司经营管理的热情。一旦大股东出现状况，如意外死亡或被刑事关押等，将直接导致公司无法正常经营。

股权过分集中，不仅不利于保护公司小股东的利益，影响公司的长期发展，而且对大股东本身也会带来不利影响。一方面，由于绝对控股，公司行为很容易与大股东个人行为混同，一些情况下，股东将承担更多公司行为产生的不利后果；另一方面，大股东因特殊情况暂时无法处理公司事务时，将产生小股东争夺控制权的不利局面，给公司造成的损害无法估量。

（二）风险防范措施

1. 授予股权，但谨慎授予投票权

通常与股权相关的权利包括增值权、分红权、投票权三种。向激励对象授予增值权和分红权，可让核心人才分享公司的价值增值与分红收益，从而实现人才留用、利益捆绑的作用，但应谨慎授予投票权，以确保公司控制权的集中。

2. 构建"同票不同权"的投票机制

可通过双层股权结构、合伙人制度及投票权委托协议等模式构建"同票不同权"的机制。

3. 通过持股方式的创新，确保经营控制权

激励对象不直接持有公司的股份，而是通过信托或者有限合伙公司持有，大股东或者公司主要决策者是信托或者有限合伙公司的发起人、管理人或者实际控制人。基于这种安排，激励对象在公司实际运营过程中，仅享受收益分享权，而没有实际决策权。

三、股权过于平均的风险及防范

（一）风险表现

一些公司的股权由多数股东平均持有，形成了股份人人有份、股权相对平均的畸形格局。

一方面，在众多平均小股东构成的股权结构中，由于缺乏具有相对控制力的股东，各小股东从公司索取的利益有限，参与管理的热情不高，公司的实际经营管理需要通过职业经理人或管理层完成。公司管理环节缺少股东的有效监督，管理层道德问题较为严重。

另一方面，大量的小股东在股东会中相互制约，会议决议很难达成一致意见。公司大量的精力和能量都消耗在股东之间的博弈中。

（二）风险防范措施

1. 股权转让

召开创业公司全体股东会，就股权调整的比例进行讨论，调整的目标是让某一个股东持有的股权在 70% 或以上。如果股东人数不变，那么需要老股东之间进行股权转让。如果有股东主动退出，可以由其他股东按最终调整的比例出资购买退出股东的股份，完成股权调整。

2. 不同比例增资

同样需要召开创业公司全体股东会，就股权调整的比例进行讨论。如果股东人数不变，也不进行股权转让，可以由各股东按最终调整的比例对创业公司进行不对称增资，比如，最终调整为持股 70% 的股东个人就需要按照 70% 的比例进行增资，而其余股东根据实际比例计算只需要少量增资或不增。增资完成后要进行工商变更，完成股权调整。

3. 按业绩贡献调整

如果各股东均有量化的业务目标，也可以根据三年累计业务利润贡献进行调整，贡献大的股东可获得更多股权。不过这种做法周期比较长，而且对于没有量化指标的股东就比较难考核。

四、夫妻共同持股的风险及防范

（一）风险表现

（1）经营管理活动容易出现"公""私"不分，财产混同，存在法人人格被否定的法律风险。

（2）感情和事业不分，一旦夫妻感情出现危机，随之带来的是股权争夺战、公司控制权争夺战。

（二）风险防范措施

（1）股权架构要适当作出调整，形成多元化的持股方式。

（2）夫妻管理公司时，在一定情况下可以让一方退出公司，摆脱家族企业的困扰。

（3）相应的公司治理体系必须规范，不能因为两人的感情问题影响公司的发展、融资和上市。

第二节　股权不稳定的风险防范

不同于股东签订股权转让协议直接转让股权，增资扩股、干股股东、股权继承和离婚分割等情形除了导致公司股权结构变化外，还隐含着法律风险，是公司股权不稳定最常见的因素和冲突点。

一、增资扩股的风险防范

公司通过增资扩股引入新投资人，或者放弃认缴的股东将认缴份额转让给某个股东时，需要关注是否会引发公司控制权的变化。股东放弃增资扩股后，原有股东仅有权利按照实缴股权比例增资，以保持增资前后股权比例不变。除非章程有特别约定，股东优先购买权只针对股权转让行为，股东在增资扩股时对其他股东放弃的认缴出资比例并不拥有优先购买权。

二、干股股东的风险防范

干股的概念往往存在于管理不够规范的民营企业，最常见的有图 5–1 所示的三种形式。

权力干股属于严禁的违法犯罪行为，亲友干股具有赠予的表象和实质，员工干股具有赠予的表象和激励的实质。公司股东或实际控制人在给予员工、亲友等特定关系人干股时，应当签署确定各方权利、义务的干股协议，并设置附条件退出机制，如将股权退

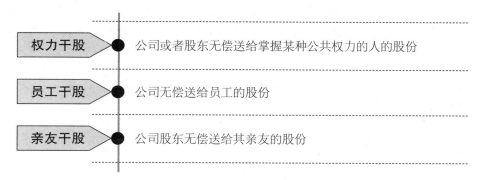

图 5-1　干股的存在形式

出与劳动关系、对公司的奉献挂钩等，明确约定退出的时间、价格、方式等内容。

三、股权继承的风险防范

多人有权继承股东资格时，就会面临股权分割问题，应当根据公司的股权性质进行处理。

比如，对于上市公司股份的分割，平均分割会使股权分散，带来控制权不稳等问题，处理不好会影响上市公司控股股东对公司的实际控制权；对于有限责任公司股份的分割，多名继承人只有在遗产分割完毕后，经过工商登记变更等程序才能正式成为公司股东，这往往需要耗费相当长的时间。

当公司实际控制人突发状况身亡时，如果公司章程对此没有专门约定，就可能会出现公司控制权不稳定事件。

比如，公司的其他股东对相关继承人继承股权并没有异议，但各方一直没有办理有关手续，其他股东可能在未通知相关继承人参会的情况下召开股东会，另行选举了董事长，并确定了分红方案，从而改变了公司的实际控制权。

自然人股东死亡后，如果公司章程没有相关规定，其继承人应尽快确定遗产分割方案，及时向公司申请股东变更，并要求公司在死亡股东继承人取得股东资格前避免召开股东会。如果公司召开股东会，应当通知死亡股东的相关继承人参加，其享有表决权。

四、股东离婚的风险防范

股东离婚后股权的分割问题，与多人继承股东资格的股权分割一样，应当根据公司的股权性质进行处理。

创始人为避免让自己的婚姻状况影响公司的发展，可以签订婚前财产协议 / 婚内财产协议；公司章程中也可以明确约定，创始人的股权系其个人财产，其配偶可出具相应的声明放弃所有权。

> **小提示**
>
> 　　按我国法律规定，夫妻书面约定婚姻关系存续期间所得财产以及婚前财产的归属是具有法律效力的。

在股权设计时，可以考虑采用家族信托方式持有公司股权，将夫妻双方持有的公司股权置入信托结构中，约定在信托合同内。信托公司持有股权，因而夫妻离婚不涉及股权所有权的分割问题，消除了股东离婚对公司长远发展的不利影响。还可以考虑在公司章程中或与创始人夫妻另行协议约定，用投票权委托、一致行动人协议或持股平台等法律工具将离婚后继受股权的配偶方享有的投票权交给创始人行使，由创始人给予配偶合理的经济补偿。

第三节　股权代持的风险防范

股权代持是指股权的实际出资人（隐名股东）与公司公开文件以及工商登记中的股东（名义股东）相分离，隐名股东与名义股东约定，由名义股东代为履行股东权利与义务。由于隐名股东不记载于工商登记、股东名册内，导致他人无从知晓股权的真实情况，均由名义股东对外行使权利或承担责任。因此，就可能使隐名股东、名义股东或公司产生各自的法律风险。

一、隐名股东在股权代持中的风险及防范

（一）风险表现

1. 隐名股东无法显名的风险

《公司法解释三》第二十四条第三款规定，实际出资人未经公司其他股东半数以上同意，请求公司变更股东、签发出资证明书、记载于股东名册、记载于公司章程并办理公司登记机关登记的，人民法院不予支持。

据此，隐名股东若要显名化，必须经公司其他股东半数以上同意，这是基于有限责

任公司人合性的考虑。然而在某些情况下，隐名股东显名化的路径并不畅通，如隐名股东采取受让股权方式显名时，会存在公司其他股东因不知晓、不认可股权代持而不同意股权转让或行使优先购买权等障碍。

2. 代持股权被名义股东擅自处分的风险

股权代持协议因其隐蔽性，导致第三人往往无法得知真实的股权情况，而对代持股权的名义股东产生信赖，最终为名义股东擅自处分代持股权提供机会。

《公司法解释三》第二十五条第一款规定，名义股东将登记于其名下的股权转让、质押或者以其他方式处分，实际出资人以其对于股权享有实际权利为由，请求认定处分股权行为无效的，人民法院可以参照《民法典》第三百一十一条的规定处理。据此，名义股东擅自处分代持股权且第三人为善意时，隐名股东将因无法对抗善意第三人而遭受损失。

3. 隐名股东丧失实际行使股东权利的风险

在股权代持模式下，隐名股东需按照名义股东的意愿实际行使股东权利，但某些情况下，名义股东不听从隐名股东安排而擅自行使股东权利，此时，隐名股东将无法实现对公司的控制。

4. 无法实际取得投资收益的风险

隐名股东向公司出资，最终目的即取得投资收益。但在股权代持模式中，会存在名义股东拒不将所得收益交付给隐名股东的情况，此时，隐名股东存在无法取得投资收益的风险。

5. 代持股权被采取保全措施、强制执行的风险

因代持股权登记在名义股东名下，若善意第三人对名义股东享有债权，则该代持的股权会因善意第三人向人民法院提出申请而被采取财产保全或被执行。

6. 代持股权被名义股东配偶分割或被名义股东继承人继承的风险

名义股东离婚或死亡时，其代持的股权或被认定为夫妻共同财产或者遗产，从而由其配偶分割或被其继承人继承。

7. 代持股权无法收回、无法被继承的风险

隐名股东需终止股权代持关系、收回代持股权时，可能存在名义股东拒绝配合、拒不办理股权转让事宜的风险，导致隐名股东无法收回股权。

此外，当隐名股东死亡或被宣告死亡时，若其继承人不知晓股权代持事实，可能存在该代持股权未列入遗产范围而无法继承的风险。

（二）风险防范措施

1. 确保股权代持协议的有效性

股权代持协议是法院认定股权代持关系的重要依据，实际出资人和名义股东之间的

股权代持协议必须真实有效。只有当股权代持关系得到证明，隐名股东的股东权利才能得到保障。在股权代持协议中，不仅需要写明股权代持关系，还需要明确股东权利行使方式、违约责任等重要条款。

2. 为取得股东资格，签订股权代持协议时取得公司其他股东的同意

为避免无法主张成为显名股东，可以在最初签订股权代持协议时取得其他股东的同意，并要求其在代持协议上签字确认。

3. 设立股权质押担保

在股权代持协议签订过程中，可根据实际出资人的实际情况，为名义股东的代持股份办理质押担保，确保名义股东无法擅自将实际出资人的股权向第三方转让或者提供担保。即使存在某些客观原因，如法院继承分割或者变卖股权，实际出资人也可以利用质押权，优先获得股权的处理权。

4. 排除名义股东的财产权

排除名义股东的财产权可以防止名义股东行使股权所有权。如果名义股东出现离婚分割或者意外死亡等情况，而名义股东所代持的一部分股权是实际出资人的，所以不能作为共同财产或者遗产进行分割。排除名义股东的财产权可以避免名义股东损害实际出资人的利益，从而保障了实际出资人的财产所有权。

5. 由名义股东配偶出具承诺函

为更加有效地防止代持股权在名义股东离婚时被其配偶部分或全部分割，隐名股东可事先要求名义股东配偶出具书面承诺，表明其知晓名义股东代持股权的事实，并认可该代持股权不属于名义股东或夫妻共同财产，在婚姻关系解除时不对代持股权主张权利。

6. 提前签订股权转让协议

为防止名义股东在隐名股东终止股权代持关系时拒不配合办理股权转让事宜，隐名股东可事先与名义股东签订股权转让协议等文件，为其收回股权、显名化提供方便。

二、名义股东在股权代持中的风险及防范

（一）风险表现

1. 隐名股东出资不实

《公司法》规定，股东有义务按照认缴的注册资本按期、足额缴纳出资。因名义股东一般仅是名义股东，出资义务由隐名股东实际负责。如果隐名股东未按公司章程的约定履行出资义务，存在出资不实、虚假出资等行为，则会牵连到名义股东，名义股东应承担相应的法律责任。

2. 税收风险

股权代持中，当隐名股东计划解除代持协议时，隐名股东和名义股东都将面临税收风险。通常而言，税务机关往往对于实际出资人的"一面之词"并不认可，而是要求名义股东按照公允价值计算缴纳企业所得税、个人所得税等。

3. 因公司负债，名义股东作为失信人员被限制高消费

《关于限制被执行人高消费及有关消费的若干规定》中规定，被执行人为单位的，被采取限制消费措施后，被执行人及其法定代表人、主要负责人、影响债务履行的直接责任人员、实际控制人亦可能被采取限制消费措施。

根据《关于公布失信被执行人名单信息的若干规定》的规定，法定代表人或者负责人，会被记载和公布在失信被执行人名单信息中。在名义股东担任公司法定代表人、主要负责人的情况下，一旦公司因负债被法院强制执行，名义股东有可能作为失信人员被限制高消费。

4. 名义股东按隐名股东的要求从事违法行为，构成犯罪

在公司经营活动中，一些隐名股东会要求名义股东从事违法违纪行为。而名义股东因为代持报酬，或法律意识淡薄，没有引起足够的重视。根据《中华人民共和国刑法》的规定，某些罪名除了对单位进行处罚外，还可能追究直接负责的主管人员和其他直接责任人的刑事责任。可见，如果名义股东的法律意识不强，一不小心就容易走上犯罪道路。

（二）风险防范措施

1. 确保隐名股东实缴出资

名义股东在确定代为持有股权时，可要求隐名股东先行向其或指定的第三方监管账户交付出资款项，并确保按照章程约定向公司缴纳出资；同时可与隐名股东约定，若名义股东因隐名股东未履行出资义务而受到损失的，隐名股东应全额赔偿，赔偿范围包括向名义股东承担补充赔偿责任的款项，以及诉讼费、律师费等实现追偿的费用等。

2. 约定由隐名股东承担税费

名义股东可与隐名股东约定，在名义股东将所代持股权转让给隐名股东或隐名股东指定的第三人时，名义股东需承担的税费由隐名股东全额补偿。

三、公司存在股权代持的法律风险及防范

（一）风险表现

公司股东存在股权代持情况时，公司将面临资本市场融资的法律障碍。《全国中小企业股份转让系统业务规则》第二章第一条规定，挂牌公司股权应明晰。《首次公开发

行股票并上市管理办法》第十三条规定，发行人的股权清晰，控股股东和受控股股东、实际控制人支配的股东持有的发行人股份不存在重大权属纠纷。因此，股权代持会对公司挂牌、上市产生不利影响。

（二）风险防范措施

拟挂牌公司或拟上市公司的股东存在股权代持情况的，应及时清理，还原真实的股权情况，并由隐名股东、名义股东、实际控制人等出具承诺，表明股权代持问题已完全解决，若此后出现相关纠纷，由隐名股东、名义股东个人承担，与公司无关。

学习笔记

通过学习本章内容，想必您已经有了不少学习心得，请仔细写下来，以便继续巩固学习。如果您在学习中遇到了一些难点，也请如实写下来，以便今后重复学习，彻底解决这些难点。

我的学习心得：

1. _____
   _____
2. _____
   _____
3. _____
   _____
4. _____
   _____
5. _____
   _____

我的学习难点：

1. _____
   _____
2. _____
   _____
3. _____
   _____
4. _____
   _____
5. _____
   _____

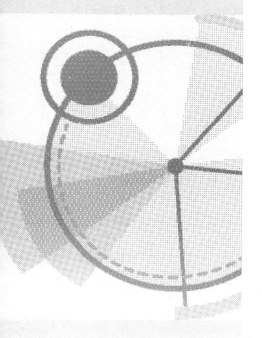

第六章

股权激励概述

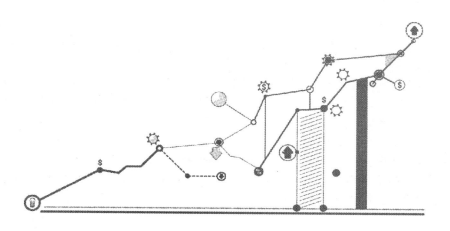

➡ **速成指引**

股权激励制度是企业管理制度、分配制度及企业文化的一次重要的制度创新，无论企业的形态和资本结构如何，无论是否为上市公司，都有必要建立和实施股权激励机制。

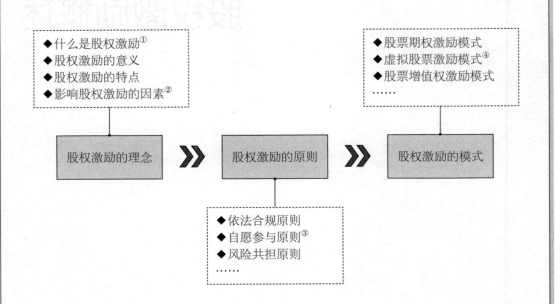

图示说明：

①股权激励是把公司股权或股权的收益权以某种方式授予公司的中高层管理人员和业务、技术骨干，使他们参与决策、分享收益、承担风险，形成权利和义务相互匹配的所有权、收益权、控制权和管理权关系，从而激励员工为公司长期发展服务的一种制度安排。

②股权激励手段能否真正发挥有效作用，除了受激励对象内在利益驱动外，还受如下外在机制的影响：市场竞争机制、市场评价机制、约束控制机制、综合激励机制、外部政策环境。

③自愿参与原则，即企业不能强迫员工参与股权激励。现在员工的权利意识很强，这里主要指的是不能变相强迫。

④虚拟股票模式是指公司授予激励对象一种"虚拟"的股票，如果公司实现了业绩目标，则激励对象可以据此享受一定数量的分红，但该模式没有所有权和表决权，不能转让和出售，当激励对象离开公司时自动失效。

第一节 股权激励的理念

股权激励不仅是企业薪酬体系设计的一种方式，也是企业顶层制度设计的一种模式。股权激励使各方参与者的权利和义务实现对称和互补，能够解决企业发展中员工动力不足和效率低下等问题，有助于激发员工潜力，将企业价值与员工利益绑定在一起，促进企业长远、健康的发展。

一、什么是股权激励

股权激励是把公司股权或股权的收益权以某种方式授予公司的中高层管理人员和业务、技术骨干，使他们参与决策、分享收益、承担风险，形成权利和义务相互匹配的所有权、收益权、控制权和管理权关系，从而激励员工为公司长期发展服务的一种制度安排。

二、股权激励的意义

股权激励制度是企业管理制度、分配制度甚至是企业文化的一次重要制度创新。无论公司的形态以及资本结构如何，不论是上市公司还是非上市公司，都需要建立和实施股权激励机制。

具体来说，股权激励具有图 6-1 所示的意义。

图 6-1 股权激励的意义

（一）可以留住和吸引人才

企业发展的根本问题就是人才的问题，仅仅靠工资制度、奖金制度以及提成制度是不足以留住人才的，即便在短时间内可以留住人才，也难以让他们积极、主动地发挥潜在价值。那么企业就需要结合其他激励方式把人才留住，而股权激励就是一个非常有效的激励措施。

同时，良好的股权激励机制还有利于引进外部优秀的人才，为企业发展不断输送营养、增加动力，使企业能够在激烈的人才竞争中获得优势。

（二）保障企业的发展战略及长期规划得到落实

毋庸置疑，企业的发展需要人才，企业战略以及具体政策的制定与执行都需要人才来完成，人员尤其是核心人员的稳定尤为重要。

每个人都有不同的思想，只有稳定的人员队伍才能执行好既定的战略和政策。股权激励可以吸引和留住人才，也有利于稳定人才，使其长期、稳定地为企业服务，确保企业长期战略及规划得到有效落实。

（三）有利于提高凝聚力和战斗力

高端人才不仅仅希望通过劳动换取报酬，更期待有一份自己的事业，而股权激励可以让他们成为股东。高端人才与创始人、大股东的利益保持一致，可激发他们的归属感和认同感，提升他们的忠诚度，当他们拥有了创业的激情后，会更加努力地为企业服务。

企业内部人才有了创业的激情和干劲，很容易形成长期稳定的团队，也有利于提高团队的凝聚力和战斗力。激励对象获得股权后，自己成为了老板，身份的转变也就意味着意识的转变，激励对象有了自己的事业，会自发地为共同的目标去奋斗，并且能互相监督、互相促进，充分体现参与感，激发积极性和创造性，从而减少内耗，集中精力谋发展。

（四）可以解决企业资金问题

股权激励也会在一定程度上解决企业的资金问题。如果企业融资需要引入外部投资者，而外部投资者投资一个企业时主要看创始团队、管理层和核心员工。一个有着分享精神的创始人、一批稳定的管理人员和核心员工的企业，是许多私募基金或者风险投资机构的投资对象。

另外，股权激励虽然是一种激励方式，但是激励对象取得股权也是需要付出资金的，企业奖励管理人员和核心员工时节省了现金流，还会吸收激励对象的投资资金。从而解决了企业资金紧张的问题。

（五）有利于提高利润率

创业的主要目的之一就是获利，获取利润的途径就是尽可能地使销售最大化、成本最小化，而股权激励就可以很好地做到这点。一开始的时候，管理人员和核心员工仅仅负责一个部门或者一项工作，优秀的员工也只是将自己分内的事情做好。但是，股权激励政策将打工者变成了老板，情况就发生了变化，他们会自发地为企业着想，开源节流，开拓市场，降低成本，互相监督，防止内部浪费与腐败，从而提高企业的利润。

（六）可以培养企业的管理层

企业的发展需要人才，尤其需要有管理能力的人才，股权激励政策会让内部人员主动思考如何更好地管理企业，有利于培养一批有能力、有道德水准的管理人员，让他们主动提高对自己的要求标准，主动去做事情，主动去协调内部的矛盾，主动为企业发展献计献策。

三、股权激励的特点

股权激励具有图 6-2 所示的特点。

图 6-2　股权激励的特点

（一）长期激励

不同于工资或奖金激励，股权激励需要将员工利益、公司利益和公司发展战略紧密联系在一起。股东为了使公司持续发展，一般都采用长期激励形式，构筑利益的共同体，减少代理成本，充分发挥激励对象的积极性和创造性。

（二）价值回报机制

股权激励是一种价值回报机制，将人才价值与公司持续增值紧密联系起来，通过公司增值来回报这些为公司发展作出贡献的人才。所以，除了工资、奖金外，他们还能获取公司市值增长所带来的收益。

（三）控制权激励

股权激励往往涉及股东权利的让渡，即让员工获得公司的部分控制权，以股东身份参与公司经营管理，分享利润、共担风险，这将促使他们更加关注公司的长远发展，并对公司的经营决策负责。

四、影响股权激励的因素

股权激励手段能否真正发挥作用，除了受激励对象内在利益驱动外，还受图 6-3 所示的各种外在机制的影响。

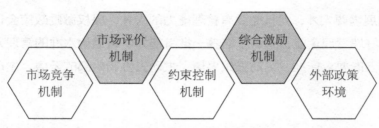

图 6-3　影响股权激励的因素

（一）市场竞争机制

以行政任命或其他非市场选择的方法确定的经理人，很难与股东的长期利益保持一致，也很难使激励约束机制发挥作用。只有充分利用市场竞争机制，选择优秀的，淘汰不合格的，才能保证经理人的素质。同时，通过市场规律选择经理人，可以避免经理人在经营过程中产生投机、偷懒等行为，使股权激励政策对经理人行为产生长期的约束引导作用，从而达到有效的激励效果。

（二）市场评价机制

在市场过度操纵、过多干预的情况下，人才评价标准单一，很难得到客观有效的评价，这样也会影响股权激励的效果。因此，确保市场主体在人才评价中的基础作用和主导作用，减少外部对市场主体的干预，规范市场专业评价机构的人才评价行为，建立科学化、社会化、市场化的人才评价制度，对股权激励作用的发挥尤为重要。

（三）约束控制机制

公司可以通过法律法规、内部规章制度、内部控制管理系统等，构建良好的控制约束机制，防止经理人作出有损公司利益的行为，以保证公司健康的发展。

约束机制和激励机制应当相辅相成，一方面激励经理人更加勤勉负责，另一方面也要对其行为加以约束，防止道德风险的发生。

（四）综合激励机制

除了股份、股票收益外，股权激励计划效应的发挥还受薪酬、奖金、晋升、培训、福利、工作环境等因素的影响，不同的激励方式产生的激励效果是不同的，因此，不同的公司、不同的激励对象、不同的工作环境和不同的业务对应的最佳激励方法也是不同的。公司应根据实际情况，深刻考虑双方利益、成本等因素，综合设计激励组合，对激励对象的行为进行引导，使激励效应最大化。

（五）外部政策环境

外部政策环境也会影响股权激励作用的发挥。例如，我国法律规定，上市公司只能采用股票期权、限制性股票和股票增值权三种模式，上市公司全部有效的股权激励计划所涉及的标的股票总数累计不得超过公司股本总额的 10%；非经股东大会特别决议批准，任何一名激励对象通过全部有效的股权激励计划获授的本公司股票累计不得超过公司股本总额的 1%。这些规定都会对股权激励的效果有所影响。

第二节　股权激励的原则

在股权激励设计、实施的过程中，应该遵循以下五大基本原则。这五大基本原则是在长期实践过程中总结出来的，若没有特别的原因，一般情况下不可以突破。在实际操作过程中，应当依据企业实施股权激励的目的并结合这些原则来具体设计。

一、依法合规原则

2016 年 8 月，中国证监会颁布了《上市公司股权激励管理办法》，对上市公司股权激励的模式、授予权益的价格、授予的程序以及其他方面都作出了明确的规定。依法合规原则不可突破，否则股权激励方案将通不过证监会的备案或审批，另外还得接受证监会的处罚。对于国有控股上市公司而言，除了需要遵守《上市公司股权激励管理办法》外，还需要遵守国资委有关文件的规定。

现今，有很多企业在全国中小企业股份转让系统挂牌出让股份，也就是俗称的新三板挂牌。挂牌企业虽然不是严格意义的上市公司，但是它实施股权激励也会受到股转公司交易规则和相关文件的约束。

比如，若采用定向发行股票作为股票来源的话，每次定向发行的人数不能超过35人（除了公司原股东）。也就是说，采用定增方式的激励对象人数不可以超过35人。另一个是持股平台（包括有限公司和有限合伙企业），持股平台是不可以参加新三板挂牌企业定向发行的。

对于非上市公司，包括股份有限公司和有限责任公司，股权激励没有什么特别的限制性规定。但是，方案本身的合法性需要注意，应该符合《公司法》《民法典》《中华人民共和国劳动法》的有关规定。

依法合规是股权激励方案、股权激励实施所应遵守的最基本原则。任何激励方案如果违反了法律的规定、违背了规范的要求，很可能在法律上是无效的，不但不能达到股权激励的目的，也会给公司和激励对象带来不小的损失，同时也为双方埋下了隐患。

> **小提示**
>
> 任何企业实施股权激励计划时，都应该严格遵守国家关于股权激励、股份支付等方面的法律法规。

二、自愿参与原则

自愿参与原则，即企业不能强迫员工参与股权激励。现在员工的权利意识很强，这里主要指的是不能变相强迫。

比如，不应该对不参加股权激励的人在升职、涨工资的时候区别对待，或者在工作中给人穿小鞋。

如果员工不愿参与股权激励，要么是方案没有设计好，对员工没有吸引力，达不到激励效果；要么就是员工对企业有其他想法。

股权激励其实还有一个作用，就是甄别人才。如果一个很好的股权激励方案，大家都积极踊跃参加，但却有个别激励对象不想参加，那么就应该好好考虑他不想参加的具体原因了。绝大部分股权激励方案的股票需要员工出资购买，并且有一定的锁定期。

对于这些不参加激励计划的人，企业也不能对他们另眼相看。但是，企业管理者要知道，哪些人可以成为你的合伙人，哪些人可以成为经理人。企业总是会存在几种人，有的希望与企业一起成长，有的为了生活，有的为了自己的职业声誉，也有人工作消极、负能量极高。企业管理者需要做的就是，把具有合伙人心态的员工挑选出来，用股权来激励他们；对于那些有职业经理人心态的员工，用合理的报酬和管理方法，发挥其作用；而对于工作消极，又给周围员工带来负能量的人，一定要坚决清除出企业的队伍。

三、风险共担原则

股权激励的目的之一是利益共享，但是在设计股权激励方案的时候，也要尽量做到风险共担。

比如，出资是考验激励对象是否愿意与公司共进退的一种最有效的手段。为了让员工珍惜这些股份，认识到这些股份的价值，还是需要员工出资的。但出了钱，就会有一定的风险。

在实践操作过程中，尽量降低激励对象的风险、提高员工参加激励计划的积极性，也是非常重要的。

四、激励与约束相结合原则

企业在设计股权激励方案时，大多数的时候都在思考是否能够激励员工，能否充分调动员工的积极性，实现股权激励的目的。在考虑股权激励方案的激励效果时，也应当注重约束机制的作用。只有明确约束机制，才能够让员工在获得收益的同时考虑自己的义务和责任。

最常见的约束机制包括对公司整体业绩条件的要求、对激励对象个人的绩效考核要求，以及对激励对象在公司服务期的要求、对激励对象勤勉尽责的要求，对激励对象不得从事损害或变相损害公司利益的约束等。如果激励对象违反了这些约束机制，那么授予他的股份可能会被收回来，也有可能让他退还股份收益、赔偿公司的经济损失等。

激励机制和约束机制共同作用，既能让员工获得股份的收益和未来的长远价值，也能对员工在公司的行为产生约束，只有这样才能起到较好的激励效果。没有约束的激励机制就是一纸空文，很有可能产生员工吃闲饭的现象，也有可能让员工拿着公司的股份，却做着对公司不利的事情。

五、不能妨碍公司融资和进入资本市场原则

不一定每个企业都有进入资本市场的可能和未来上市的梦想。但是，绝大多数企业在可能的情况下，还是希望自己的企业能进入资本市场。那么，设计的股权激励方案一

定不能成为企业获取外部融资和进入资本市场的障碍。

如果企业有不合理的股权架构，投资人是不会进入的。股权激励必然会涉及企业股权架构的一些调整。同样，在实施股权激励方案时，可能会对激励对象有一些特别的承诺或者特殊的利益安排。但是这些承诺或利益安排如果没有规定结束的时间，也没有规定修改或者收回的条件，那么当外部投资人进入的时候，会觉得这些承诺或利益安排不合理，自己进入以后并不能获得预期的收益，因此会谨慎投资。

此外，在企业上市之前，如果还存在未解锁或者未行权的激励股份，根据上市规则，这类企业是不可以上市的。如果在方案中未规定特殊情况下激励计划需终止或者变更，那么必然会引起纠纷，也会对企业上市的进程产生不利影响。

> **小提示**
>
> 只有遵循相应的原则设计出来的股权激励方案才是科学的，才是有效果的。

第三节　股权激励的模式

股权激励的模式很多，每种模式有着各自的特点和适用范围，并没有绝对的优劣，因此，企业应根据自身的内外部环境条件、要激励的对象，并结合不同模式的原则，来选择最优的方式。

一、股票期权激励模式

股票期权是指上市公司授予激励对象在未来一定期限内以预先确定的价格和条件购买本公司一定数量股票的权利。激励对象有权行使这种权利，也可以放弃这种权利，但不得转让、质押或者偿还债务。在股票价格上升的情况下，激励对象可以通过行权获得潜在收益。当然，如果在行权期，股票市场价格低于行权价，则激励对象有权放弃该权利，不予行权。股票期权的最终价值体现在行权时的差价上。

（一）股票期权激励模式的特点

股票期权模式是一种较为经典且使用范围广泛的经理人股权激励模式。股票期权是金融衍生产品期权应用于经理人激励制度中的体现，产生于美国，最初只是一种对付高税率的变通手段，但实践证明，激励效果明显大于避税效果。

股票期权在我国用得并不是很多,主要有两个原因:第一,股票期权在上市公司中使用较方便,但对于大多数非上市公司来说,股票期权并不是最理想的模式,而我国的非上市公司较多;第二,对于上市公司来说,我国资本市场有效性较差,股价波动性较大,使用股票期权有较大的风险。

(二)股票期权激励模式的操作流程

股票期权是一种看涨期权,操作流程如图6-4所示。经营者获得股票期权的日期为股票期权的授予日,可行权日和股票期权到期日之间为行权期;在股票期权被授予后,经营者可自行决定购买股票。一般情况下,股票期权是无偿授予的。也有些公司在授予股票期权时,为了增加对经理人的约束,要求经理人支付一定的费用,即期权费。

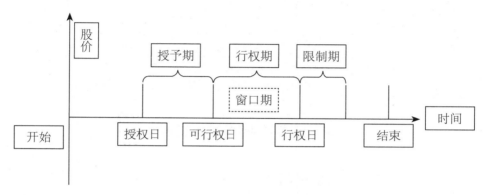

图6-4 股票期权操作流程

设计和实施股票期权时,要求公司必须是上市公司,有合理合法的、可实施股票期权的股票来源,并具有一个能基本反映股票内在价值、运作比较规范、秩序良好的资本市场载体。

(三)股票期权激励模式的优点

股票期权激励模式的优点如图6-5所示。

股票期权是一种权利而非义务,持有者在股票价格低于行权价的时候可以放弃权利,因此对于持有者来说没有风险

股票期权需要达到一定时间或条件时才能实现,激励对象为促使条件达成,或为使股票升值而获得收益,必然会尽力提高公司业绩,因此具有长期激励效果

图6-5

3 股票期权持有人得到的是公司新增价值，不侵蚀公司原有资本存量，且持有人在行权时，可以增加公司的现金流量

4 股票期权根据二级市场股价波动实现收益，激励力度较大，且股票期权受证券市场监督，具有相对公平性

图 6-5　股票期权激励模式的优点

（四）股票期权激励模式的缺点

股票期权激励模式的缺点如图 6-6 所示。

缺点一	行权有时间、数量限制
缺点二	激励对象购买股票期权需支付现金
缺点三	存在激励对象为自身利益采用违法手段抬高股价的风险
缺点四	股票期权高度依赖于股票市场的有效性。我国股票市场有效性较差，易受市场投机因素、政府宏观政策等事件的影响，经营者可能因不可控因素受到惩罚，这显然与激励的初衷相悖

图 6-6　股票期权激励模式的缺点

（五）股票期权激励模式的适用性

股票期权模式的特点是高风险、高回报，比较适合那些处于成长期或扩张期、初始财务资本投入较少、资本增值较快、人力资本依附性较强的企业，如高科技、网络、医药、投融资等风险较高或竞争性较强的行业。

首先，由于企业处于成长期，市场有较大的潜力，此时如果能有效地激励员工，将会使企业在市场上获得更高的投资价值。

其次，一般初创或扩张企业无法拿出大量现金进行激励，通过股票期权，使激励对象的收益与二级市场的股价波动紧密联系，既降低了企业当期激励成本，又达到了激励的目的。

二、虚拟股票激励模式

虚拟股票模式是指公司授予激励对象一种"虚拟"的股票，如果公司实现了业绩目标，则被授予者可以据此享受一定数量的分红，但该股票没有所有权和表决权，不能转让和出售，激励对象离开公司时自动失效。当虚拟股票持有人实现既定目标时，公司支

付给持有人的收益可以是现金、等值的股票，也可以是等值股票和现金的组合。虚拟股票通过让持有者分享公司的剩余索取权，将他们的长期收益与公司效益挂钩。

（一）虚拟股票激励模式的特点

虚拟股票激励模式主要有图 6-7 所示的特点。

特点一　股权形式的虚拟化和股东权益的不完整性。虚拟股权不同于一般意义上的公司股权，它没有表决权，只有分红权和资本增值权，不影响公司的所有权分布

特点二　虚拟股权由公司无偿赠送或以奖励的方式发放给特定员工，不需员工出资

特点三　因不涉及股票实际所有权的变化，因此激励对象的范围可以非常广泛

特点四　具有一定的约束作用。获得分红收益的前提是公司实现业绩目标，并且收益是在未来实现的

图 6-7　虚拟股票激励模式的特点

（二）虚拟股票激励模式的优点

虚拟股票激励模式的优点如图 6-8 所示。

1　不影响公司的总资本和所有权架构

2　避免了公司股价的非正常波动，也避免了股票市场的不确定因素造成的公司股票价格异常下跌，不会对虚拟股票持有人的收益有影响

3　支付方式灵活，可以是现金，也可以是等值的股票和股权，还可以是股票、股权与现金的组合

4　操作简单，股东会通过即可

图 6-8　虚拟股票激励模式的优点

（三）虚拟股票激励模式的缺点

虚拟股票激励模式的缺点如图 6-9 所示。

缺点一	兑现激励时现金支出较大
缺点二	行权和抛售时价格难以确定
缺点三	激励对象可能考虑分红的因素，减少甚至不执行公司资本公积金的积累，从而过分地关注公司的短期利益

图 6-9　虚拟股票激励模式的缺点

（四）虚拟股票激励模式的适用性

虚拟股票激励模式比较适合现金比较充裕的非上市公司和上市公司。但无论是上市公司还是非上市公司，单独使用虚拟股票作为激励手段还是比较少的。公司一般会将虚拟股票与其他激励模式相结合，比如虚拟股票可在一定时间和条件下转换为股票期权或期股等实际股票和股权。

有时，公司在对经营层授予了真正的股权激励后，还需要对核心骨干员工进行股权激励，但又不想所有权过于分散，即可使用虚拟股票，这样既达到同时激励经营层和核心骨干的目的，又不会造成所有权失衡。

小提示

虚拟股票由于操作简单，在非上市公司中也有很大的应用空间。与上市公司一样，当达到规定的条件后，持有人就可以获得虚拟股票的分红，且虚拟股票同样可以转换为股票期权、期股、业绩股票等实际股份。

 **相关链接**

虚拟股票与股票期权的区别

虚拟股票与股票期权的区别在于以下方面。

（1）相对于股票期权，虚拟股票实质上并不是认购了公司的股票，它实际上是获取公司未来分红的凭证或权利。

（2）在虚拟股票的激励模式中，持有人的收益是现金或等值的股票；而实施股票期权时，公司不用支付现金，但持有人在行权时需要通过支付现金获得股票。

（3）报酬风险不同。只要公司正常盈利，虚拟股票的持有人就可以获得一定的收益；而股票期权持有人只有在行权时股票价格高于行权价，才能获得收益。

三、股票增值权激励模式

股票增值权模式是指上市公司授予激励对象一种权利，当公司股价上升时，激励对象可通过行权获得相应数量的股价升值收益。激励对象不用为行权付出现金，行权后可获得现金或等值的公司股票。

公司授予激励对象的并不是股票，而是一种权利，只有达成目标才能行权，公司会将约定数量的股票增值部分作为奖金直接发放给激励对象。

股票增值权激励模式的流程如图 6-10 所示。

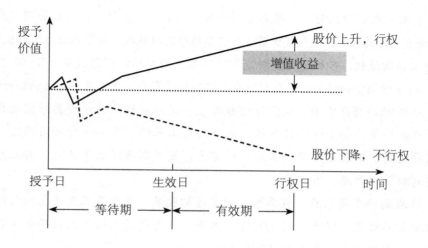

图 6-10　股票增值权激励模式的流程

从图中可以看到，授予股票增值权的时候会有一个授予价格，到生效日时，如果满足行权条件，则激励对象就可以行权，此时可以获得的收益 =（行权价格 - 授予价格）× 股票增值权份数（注意，此处股票增值权不是"股数"，而是"份数"，一般情况下，一份股票增值权对应一股股票的增值收益）。当然，激励对象也可以选择暂不行权，只要在有效期内择机行权即可。

若激励对象不满足行权条件，或者选择不行权（一般是当时股价小于授予价格），由于公司并未给激励对象真实的股票，因此对于双方来讲，并没有什么损失。

（一）股票增值权激励模式的特点

股票增值权激励模式的特点如图 6-11 所示。

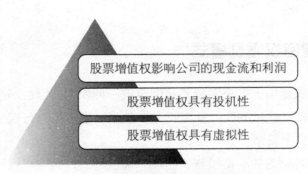

图 6-11　股票增值权激励模式的特点

图示说明：

（1）激励对象在行权时，公司需支付给员工现金，在会计处理上按管理费列支，对公司的现金流有一定的影响，进而减少了公司当期的净利润数额。假设激励对象为 5 人，平均每人 10 万份股票增值权，行权时股票增值 10 元 / 股，则影响的利润数额为 5×10 万 ×10 元 = 500 万元，这个费用金额对公司的利润会有比较明显的影响，有可能还会影响公司的市值。

（2）从激励的效果来看，股票增值权存在一定的投机行为。股票增值权只要符合条件，公司就会给员工相应的股票增值收益，对员工来讲，完全没有任何损失。公司的业绩条件只要达到，不管是不是员工本人的努力，员工都可以坐享其成。因此想要靠股票增值权起到激励的作用，有点难。

（3）从激励的本质来看，股票增值权是虚拟股票，并非真正意义上的股票。而要想真正达到激励的效果，终点一定是实股。因为，只有通过产权关系的转让才能让员工的行为、心态、意识产生实质上的转变。

（二）股票增值权激励模式的优点

股票增值权激励模式的优点如图 6-12 所示。

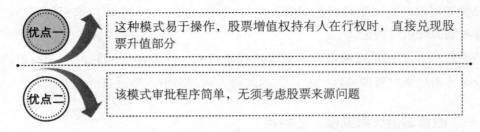

图 6-12　股票增值权激励模式的优点

（三）股票增值权激励模式的缺点

股票增值权激励模式的缺点如图 6-13 所示。

缺点一	激励对象不能获得真正意义上的股票，激励的效果相对较差
缺点二	由于我国资本市场的弱有效性，股价与公司业绩关联度不大，以股价的上升来决定激励对象的股价升值收益，可能无法真正做到"奖励公正"，起不到股权激励应有的长期激励作用，相反，还可能导致公司高管层与投资机构合谋操纵公司股价等问题
缺点三	股票增值权的收益来源于公司提取的奖励基金，公司的现金支付压力较大

图 6-13　股票增值权激励模式的缺点

（四）股票增值权激励模式的适用性

股票增值权激励模式适用于非上市公司，或股权激励计划可得股票数量有限而实施实际股权激励会造成较大稀释的公司。由于其会给公司带来现金支付的压力，因此公司需有充足的现金流或发展稳定。

 相关链接

股票增值权和股票期权的区别

不管从形式还是操作方式来讲，股票增值权和股票期权既存在非常多的相似之处，也有本质上的区别。

相同之一：获得条件

股票增值权和股票期权都是赋予激励对象一种未来获取风险收益的权利，激励对象都可根据实际情况选择是否行权。因此在行权前，激励对象都没有任何损失。行权之后，股票增值权激励对象拿到的是对应增值收益的奖金，而股票期权激励对象则是按约定的价格购买约定数量的公司股票。

相同之二：获利原理

二者获得的收益都是二级市场股价和激励对象行权价格之间的增值差价。

相同之三：长期激励性

在激励目标上，二者都具有很好的长期性和激励性，但约束性会偏弱一些。因为行权与否的权利全在激励对象手上，其不行权没有损失。

不同之一：激励标的物的选择

股票期权的激励标的物是企业的股票，激励对象在行权后可以获得完整的股东权益。而股票增值权是一种虚拟股权激励工具，激励标的物仅仅是二级市场股价和激励对象行权价格之间的差价，并不是企业的股票。

不同之二：激励对象收益来源

股票期权采用"企业请客，市场买单"的方式，激励对象获得的收益由市场进行支付。而股票增值权采用"企业请客，企业买单"的方式，激励对象的收益由企业用现金进行支付，其实质是企业奖金的延期支付。

四、业绩股票激励模式

业绩股票是股权激励的一种典型模式，指在年初设定一个较为合理的业绩目标，如果激励对象到年末时达到预定的目标，则公司授予其一定数量的股票，或提取一定的奖励基金给其购买公司股票。

业绩股票的流通变现通常有时间和数量限制。激励对象在以后的若干年内，若业绩考核通过，则可以获准兑现规定比例的业绩股票。如果未能通过业绩考核或出现有损公司利益的行为、非正常离任等情况，则其未兑现部分的业绩股票将被取消。

（一）业绩股票激励模式的特点

（1）在年初，公司会给经理人确定一个较为合理的业绩目标和与之对应的股票授予数量或激励基金提取额度，如果经理人在未来的若干年内通过业绩考核，公司就会奖励其一定数量的股票，或提取一定的奖励基金为其购买约定数量的股票。

（2）业绩股票的期限一般为 3 ~ 5 年。

（3）业绩股票通常设置禁售期。如果激励对象是董事会成员或高管人员，其所获得的业绩股票只有在离职 6 ~ 12 个月之后才可以出售；如果激励对象是核心骨干员工，一般会为其所获得的业绩股票设置 3 年的禁售期。

（4）业绩股票有严格的限制条件。如果激励对象的业绩未能达标，或者出现业绩股票合同中约定的有损公司的行为或自行辞职等情况，则公司有权取消其未兑现的业绩股票。

（5）设置风险抵押金。有些公司会设置风险抵押金，达不到业绩考核标准的激励对象不仅得不到业绩股票，而且还会受到相应处罚。

（二）业绩股票激励模式得以推广的原因

我国上市公司从 20 世纪 90 年代初开始就对股权激励制度进行积极的探索和实践，其中，业绩股票是应用较为广泛的一种模式。业绩股票在我国优先得到推广，其主要原因在于：

（1）对于激励对象而言，在业绩股票激励模式下，工作绩效与所获奖励之间的联系是直接而紧密的，且业绩股票的获得仅取决于工作绩效，几乎不涉及股市风险等不可控因素。另外，在这种模式下，激励对象最终所获得的收益与股价有一定的关系，因此可以充分利用资本市场的放大作用，加大激励力度。

（2）对于股东而言，业绩股票激励模式对激励对象有严格的业绩目标约束。权、责、利对称性较好，能形成股东与激励对象双赢的格局，故激励方案较易为股东大会所接受和认可。

（3）对于公司而言，业绩股票激励模式所受的政策限制较少，一般只要公司股东大会通过即可实施，方案的可操作性强，实施成本较低。

（三）业绩股票激励模式的优点

业绩股票激励模式的优点如图 6-14 所示。

优点一 **能够激励公司高管人员努力完成业绩目标**

为了获得股票形式的激励收益，激励对象会努力地完成公司预定的业绩目标；激励对象获得激励股票后便成为公司的股东，与原股东有了共同利益，会更加努力地去提升公司的业绩，进而获得公司股价上涨带来的更多收益

优点二 **具有较强的约束作用**

激励对象获得奖励的前提是实现一定的业绩目标，并且收入是在将来逐步兑现的。如果激励对象未通过年度考核，或出现有损公司的行为、非正常调离等情况，激励对象将受到风险抵押金的惩罚或被取消业绩股票，退出成本较大

优点三 **激励效果明显**

因为激励与约束机制相配套，所以激励效果明显，且每年实行一次，能够发挥滚动激励、滚动约束的良好作用

图 6-14 业绩股票激励模式的优点

（四）业绩股票激励模式的缺点

业绩股票激励模式的缺点如图 6-15 所示。

图 6-15　业绩股票激励模式的缺点

（五）业绩股票激励模式的适用性

业绩股票只对公司的业绩目标进行考核，不要求股价上涨；并且业绩股票的现金成本压力较大，因此比较适合业绩稳定、需进一步提升业绩、现金流量充足的公司。

在业绩股票激励方案的设计中，应注意激励范围和激励力度是否合适。激励范围和激励力度太大，则激励成本上升，对公司和股东而言，收益不明显，现金流的压力也会增大；而激励范围和激励力度太小，激励成本和现金流压力减小了，但激励效果也很可能减弱了。因此公司应综合考虑各种因素，找到激励成本、现金流压力和激励效果之间的平衡点。一般而言，激励范围为高管和骨干员工较为适宜，激励力度对于传统行业的企业而言可以低一点，而对于高科技企业而言则相对要高一些。

五、管理层收购激励模式

管理层收购是指公司管理层利用高负债融资买断本公司的股权，使公司为私人所有，进而达到控制、重组公司的目的，并获得超常收益的并购交易。

（一）管理层收购激励模式的特点

管理层收购的主体一般是本公司的高层管理人员。收购对象既可以是企业整体，也可以是企业的子公司、分公司，甚至是一个部门。收购资金的来源分为两个部分，如图 6-16 所示。

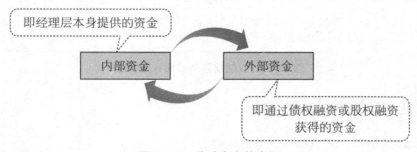

图 6-16　收购资金的来源

收购主体在收购完成后成为公司的股东，从而直接或间接地成为公司的控股股东，达到经营权和控制权的高度统一。

（二）管理层收购激励模式的优点

管理层收购激励模式的优点如图 6-17 所示。

优点一　通过收购可使公司经营权和控制权统一起来，使管理层的利益与公司的利益紧密地联系在一起。经营者以追求公司利润最大化为目标，极大地降低了代理成本

优点二　管理层收购使管理层有可能获得大量的股权收益，长期激励作用明显

图 6-17　管理层收购激励模式的优点

（三）管理层收购激励模式的缺点

管理层收购激励模式的缺点如图 6-18 所示。

收购需要大量的资金，若处理不当，会导致收购成本激增，甚至付出巨大的代价

缺点一

缺点二

收购后若不及时调整公司治理结构，有可能形成新的内部人操纵

图 6-18　管理层收购激励模式的缺点

（四）管理层收购激励模式的适用性

管理层收购激励模式主要适用于国有资本退出的企业、集体性质的企业、反收购时期的企业。

六、延期支付激励模式

延期支付计划（deferred compensation plan）也称延期支付，是指公司将管理层的部分薪酬，特别是年度奖金、股权激励收入等，按当日公司股票市场价格折算成股票数量，存入公司为管理层人员单独设立的延期支付账户。在约定的期限后或在该高级管理人员退休以后，再以公司股票的形式或根据期满时股票的市场价格以现金方式支付给激励对象。这实际上也是管理层直接持股的一种方式，只不过资金来源于管理人员的

奖金而已。

（一）延期支付方式的特点

延期支付方式具有以下两个特点。

（1）延期支付收益与公司的业绩紧密相连。管理层必须关注公司的股市价值，只有当股价上升时，激励对象才能保证自己的利益不受损害。而公司在签订契约时也可以规定，如果激励对象工作不力或者失职导致公司利益受损，可以减少或取消其延期支付收益，并进行惩罚。

（2）延期支付方式可以激励管理层考虑公司的长远利益，避免了经营者的短期行为。

延期支付方式体现了有偿授予和逐步变现，以及风险与权益基本对等的特征，具有比较明显的激励效果。

（二）延期支付激励模式的优点

延期支付激励模式的优点如图 6-19 所示。

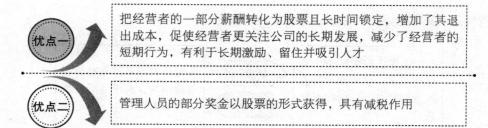

优点一　把经营者的一部分薪酬转化为股票且长时间锁定，增加了其退出成本，促使经营者更关注公司的长期发展，减少了经营者的短期行为，有利于长期激励、留住并吸引人才

优点二　管理人员的部分奖金以股票的形式获得，具有减税作用

图 6-19　延期支付激励模式的优点

（三）延期支付激励模式的缺点

延期支付激励模式的缺点如图 6-20 所示。

公司高管人员持有的公司股票数量相对较少，难以产生较强的激励作用　缺点一

缺点二　股票二级市场具有风险不确定性，经营者不能及时地把薪酬变现

图 6-20　延期支付激励模式的缺点

（四）延期支付激励模式的适用性

延期支付激励模式主要适用于业绩稳定的上市公司及集团公司、子公司。

七、储蓄参与股票计划激励模式

储蓄参与股票计划是为了吸引和留住高素质人才，而向所有员工提供的一种分享公司潜在收益的激励方式。该方式允许员工一年两次以低于市场价的价格购买本公司的股票。

（一）储蓄参与股票计划激励模式的特点

该模式是公司给予全体员工分享公司成长收益的一种奖励形式，要求员工参加储蓄计划，才能分享收益。

实施过程中，首先要求员工将每月基本工资的一定比例放入公司为员工设立的储蓄账户，并设定特定期限（如两年）。一般公司规定的比例是税前工资额的 2% ~ 10%，少数公司规定的比例最高可达 20%。

该激励模式中，股权激励对象的收益为期初本公司每股净资产与到期时每股净资产之间的价差。股权激励对象的风险为，期末每股净资产低于期初每股净资产时，仅可收回本金，将损失利息。

（二）储蓄参与股票计划激励模式的优点

储蓄参与股票计划激励模式的优点如图 6-21 所示。

储蓄参与股票计划无论股价上涨还是下跌，都会有收益，当股价上涨时盈利更多，因此福利特征较为明显

储蓄参与股票计划模式为公司吸引和留住不同层次的高素质人才及为所有员工提供分享公司潜在收益的机会创造了条件，在一定程度上解决了公司高管人员和一般员工之间的利益不均衡问题

图 6-21　储蓄参与股票计划激励模式的优点

（三）储蓄参与股票计划激励模式的缺点

储蓄参与股票计划激励模式的缺点如图 6-22 所示。

（四）储蓄参与股票计划激励模式的适用性

储蓄参与股票计划激励模式适用的对象是除高层管理人员以外的全体员工。

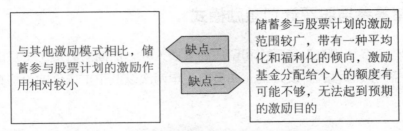

图 6-22　储蓄参与股票计划激励模式的缺点

八、限制性股票激励模式

限制性股票是指上市公司按照预先确定的条件在授予日以低于市场价格的价格授予激励对象股票并予以锁定（限售），锁定期（限售期）结束后，若激励对象业绩考核达标，则可分几年解除限制（解除限售）。激励对象可在二级市场卖出股票并从中获益。

（一）限制性股票激励模式的重点

限制性股票的重点在于"限制性"三个字，公司授予激励对象股票是有限制的，只有业绩考核达标，才可以解除这种限制。

从图 6-23 可以看出，限制性股票有几个时间点：授予日、限售期、解除限售日、解除限售期。

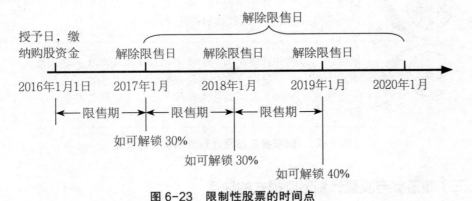

图 6-23　限制性股票的时间点

限制性股票属于实股范畴，由激励对象出资购买，并拥有所有权、分红权、增值权等一系列《公司法》规定的股东权利。

激励对象获授的股票在中证登（全称为中国证券登记结算有限公司）开户登记，并进行限售锁定。在解除限售前，激励对象不能行使上述权利，也不能交易，上述权利由公司代为行使。未来解除限售后，激励对象才可以完整地行使上述权利。

激励对象获授的限制性股票一般分期解除限售，每期解除限售都会设置一定的期限，即解除限售期，一般为 12 个月；每期解除限售期的起始时间为解除限售日。在每个解除限售期，只有达成业绩考核条件后才能解除限售；达不成条件则不得解除限售。

在每个解除限售期，如不能解除限售，股票来源于原股东转让的，由原股东收回；股票来源于增发的，由公司回购注销。公司还可以设置所有解除限售期累计的业绩考核目标，只要在最后一个解除限售期内完成累计的业绩考核目标，也可以解除限售（相当于额外设置延期解除限售的业绩条件）。

（二）限制性股票激励模式的优点

限制性股票激励模式的优点如图 6-24 所示。

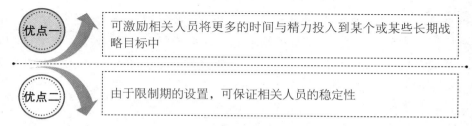

图 6-24　限制性股票激励模式的优点

（三）限制性股票激励模式的缺点

限制性股票激励模式的缺点如图 6-25 所示。

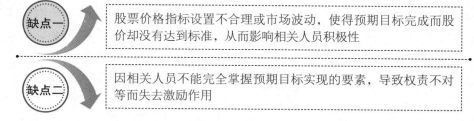

图 6-25　限制性股票激励模式的缺点

（四）限制性股票激励模式的适用性

限制性股票激励模式主要适用于成熟型企业、对资金投入要求不是非常高的企业。

股票期权和限制性股票是《上市公司股权激励管理办法》中推荐的两种主要股权激励模式，与股票期权激励模式不同，限制性股票更适合成熟期的企业。对于这类企业来说，它们的股价上涨空间有限，但限制性股票却规避了股票大幅波动而使经理人"白干"的风险，因此是目前上市公司使用最多的一种股权激励模式。

此外，限制性股票激励模式也可以与其他激励模式配合使用，以适合企业的不同发展阶段。

相关链接

××公司股票期权与限制性股票结合的股权激励方案

××公司在 2013 年实施了股票期权与限制性股票结合的股权激励计划，其中限制性股票方案如下。

一、限制性股票激励计划的股票来源及数量

××公司向激励对象定向发行本公司的限制性股票，数量为 1438.87 万股，占激励计划公告时公司股本总额 95924.62 万股的 1.5%。其中，首次授予 1296.83 万股，占 90.13%；预留 142.04 万股，占限制性股票总数的 9.87%，占股本总额的 0.15%。

二、激励对象

高管 15 人，专家、中层管理人员、其他骨干人员共 1626 人。

三、首次授予限制性股票的价格

首次授予限制性股票的价格为 6.76 元人民币，即满足授予条件后激励对象可以以该价格购买公司发行的限制性股票。

四、解锁日

限制性股票激励计划的有效期自限制性股票首次授予日起不超过五年。锁定期内，激励对象因获授的限制性股票而取得的红股、资本公积转增股份、配股股份、增发中向原股东配售的股份同时锁定，不得在二级市场出售或以其他方式转让，该部分股票的锁定期与获授的限制性股票锁定期相同。限制性股票在首次授予日起满 12 个月后的未来 36 个月内分三期解锁，如下表所示。

限制性股票激励的解锁期限

解锁期	解锁时间	可解锁数量占限制性股票数量比例
第一个解锁期	自首次授予日起满 12 个月后的首个交易日至首次授予日起 24 个月内的最后一个交易日	60%

续表

解锁期	解锁时间	可解锁数量占限制性股票数量比例
第二个解锁期	自首次授予日起满 24 个月后的首个交易日至首次授予日起 36 个月内的最后一个交易日	20%
第三个解锁期	自首次授予日起满 36 个月后的首个交易日至首次授予日起 48 个月内的最后一个交易日	20%

五、解锁条件

解锁条件如下表所示。

限制性股票激励的解锁条件

解锁期	业绩考核目标
第一个解锁期	2013 年归属于上市公司股东的扣除非经常性损益后的加权平均净资产收益率不低于 10%，2013 年归属于上市公司股东的扣除非经常性损益的净利润相比于 2012 年增长不低于 20%
第二个解锁期	2014 年归属于上市公司股东的扣除非经常性损益后的加权平均净资产收益率不低于 10%，2014 年归属于上市公司股东的扣除非经常性损益的净利润相比于 2012 年增长不低于 44%
第三个解锁期	2015 年归属于上市公司股东的扣除非经常性损益后的加权平均净资产收益率不低于 10%，2015 年归属于上市公司股东的扣除非经常性损益的净利润相比于 2012 年增长不低于 73%

限制性股票锁定期内，各年度归属于上市公司股东的净利润及归属于上市公司股东的扣除非经常性损益的净利润，均不得低于授予日前最近三个会计年度的平均水平，且不得为负。

六、预留限制性股票的处理

预留的限制性股票将在激励计划首次授予日起一年内授予。获授预留的限制性股票的激励对象需满足的条件同首次获授限制性股票时条件一致。

学习笔记

通过学习本章内容，想必您已经有了不少学习心得，请仔细写下来，以便继续巩固学习。如果您在学习中遇到了一些难点，也请如实写下来，以便今后重复学习，彻底解决这些难点。

我的学习心得：

1. _____
   _____
2. _____
   _____
3. _____
   _____
4. _____
   _____
5. _____
   _____

我的学习难点：

1. _____
   _____
2. _____
   _____
3. _____
   _____
4. _____
   _____
5. _____
   _____

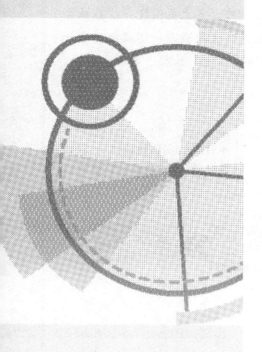

第七章

股权激励方案
设计

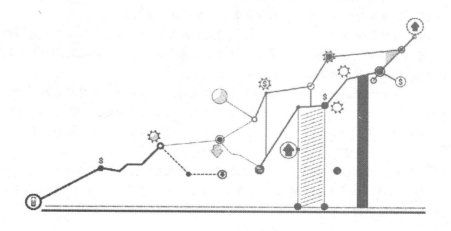

⇨ 速成指引

　　股权激励是一个严密而庞大的系统项目，股权激励方案主要围绕一些基础要素进行设计。基础要素设计合理合法且容易操作是整个股权激励计划成功、有效的前提。这些要素主要包括目的、对象、模式、载体、数量、价格、时间、来源、条件、机制等。

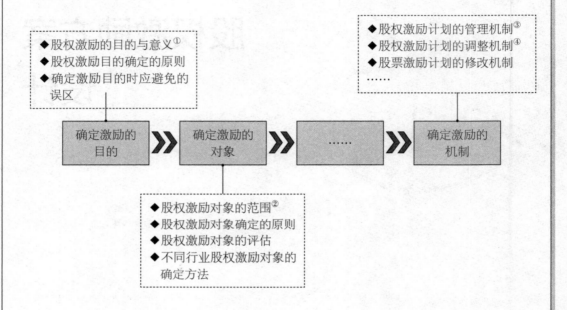

图示说明：

　　①在公司发展的不同阶段，股权激励的目的不同。一般来说，股权激励的目的和意义如下：提高业绩、降低成本压力、回报老员工、吸引并留住人才。

　　②股权激励的对象应是公司中具有战略价值的核心人才，核心人才是指拥有关键技术或拥有关键资源或支撑公司核心业务或掌握核心业务的人员。公司在激励对象选择层面需要把握宁缺毋滥的原则，对少数关键人才进行激励。

　　③股权激励计划的管理层面分为政府层面和公司层面，政府层面的管理以证监会等部门的相关制度为准；在公司层面，股权激励的决策机构是股东大会，日常的领导和管理由董事会负责，一般情况下，董事会下设薪酬委员会，负责股权激励计划的具体管理，股权激励工作的监督一般由监事会负责。

　　④股权激励计划的调整是指在公司授予激励对象股权激励标的之后至激励对象行权当日止的期间内，公司发生资本公积金转增股本、派送股票红利、股票拆细或缩股、配股等事项时，为维护激励对象的预期利益，保证股权激励计划的公平性，公司对激励对象获授的股权激励标的数量以及价格进行相应调整的行为。

第一节 确定激励的目的

确定股权激励的目的是股权激励方案的开端。不同的目的对应的激励方式及方案内容差别较大。定目的就是找到企业的核心症状。无法对症下药，将会严重影响股权激励的效果。

一、股权激励的目的与意义

为什么要进行股权激励？在企业发展的不同阶段，股权激励的目的不同。一般来说，股权激励的目的和意义如图 7–1 所示。

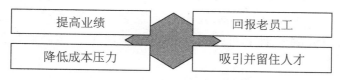

图 7–1 股权激励的目的和意义

（一）提高业绩

对于员工来说，股权激励既是动力，又是压力，它使员工个人利益与公司利益休戚与共，可以促使员工对企业更加尽职尽责，自觉提高工作水平和效率，减少短视行为，从而提高企业的整体业绩并形成良性循环。

（二）降低成本压力

现金流和人才对企业发展来说至关重要，几乎所有企业在初创期和发展期都面临着现金流和人才的巨大压力，导致企业无法给员工提供有竞争力的薪酬政策。而解决这一问题的有效方法就是股权激励，通过持股经营和股份奖励，可以相应地降低员工的现金报酬，从而降低创业成本。

（三）回报老员工

老员工为企业开疆拓土，是企业发展的推动者和见证者，他们为企业的发展付出了大量的心血和精力，当企业"蛋糕"做大后，理应对他们进行回报。

（四）吸引并留住人才

传统的薪酬模式已经越来越不能满足现代企业和人才的需求，而股权激励被实践证明是吸引和留住人才的有效手段。通过股权激励，可以使员工和企业共享利益、共担风险，充分发挥员工的主观能动性。

二、股权激励目的确定的原则

股权激励的目的要明确，而不应是赶潮流与模仿其他企业。目前有许多中小企业认为股权激励能够有效激励员工，把企业没有做大做强的原因归集到没有实施股权激励，从而草率地实施股权激励计划，反而达不到效果。因此，中小企业首先必须弄清楚公司实施股权激励的目的是什么。

不同性质、不同规模的企业，或者同一企业处于不同的发展阶段，实施股权激励计划的目的是不一样的，有些企业是吸引和留住对企业整体业绩和持续发展有直接影响的管理骨干和核心技术人员；有些企业是调动员工的工作积极性和潜力，为企业创造更大的价值；有些企业是回报老员工，使他们甘为人梯，扶持新人成长……

企业应明确实施股权激励的目的，这是企业制订股权激励计划的第一要素，也是最重要的一步。明确了目的，也就知道了激励计划所要达到的效果，接下来才能够据此选择合适的激励模式，确定相应的激励对象和实施程序。为了明确实施股权激励计划的目的，应对企业及高管进行充分的调研，包括高管的深度访谈、核心员工的调研访谈、其他利益者的调研访谈，必要时可借助无记名的线上调研问卷。

在确定股权激励目的时，要遵循图 7-2 所示的原则。

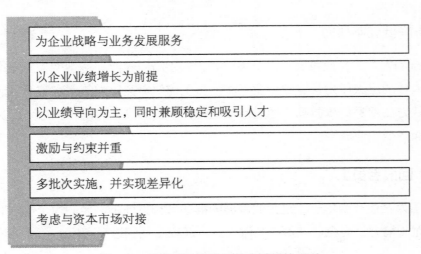

为企业战略与业务发展服务

以企业业绩增长为前提

以业绩导向为主，同时兼顾稳定和吸引人才

激励与约束并重

多批次实施，并实现差异化

考虑与资本市场对接

图 7-2 确定股权激励目的应遵循的原则

（一）为企业战略与业务发展服务

股权激励的核心在于收益产生于未来，激励的模式与方法要服务于企业发展战略，应根据具体业务制定合适的激励模式及对应的考核方式为企业战略与业务发展服务。

（二）以企业业绩增长为前提

业绩的增长是激励的前提，但业绩不一定以净利润增长为单一目标，还可以是合同订单的签署、销售额的增长及用户的增长等。

（三）以业绩导向为主，同时兼顾稳定和吸引人才

关键人才是企业的核心竞争力，通过股权激励，一方面能够激励内部人才，另一方面能够吸引外部人才加盟。以股权激励为主的中长期激励政策，有助于培育人才当家作主的企业文化，对稳定和吸引人才能起到非常重要的作用（跳槽及离职具有较大的成本）。

（四）激励与约束并重

股权激励在注重激励的同时也应对激励对象加以约束，激励对象签署股权激励协议后，可获得未来预期收益，同时也承担了企业业绩及个人业绩提升的责任及离职的惩罚性约束。

（五）多批次实施，并实现差异化

这包括以下两个方面。

一是企业的股权激励不是一次性的工作，而是要持续地激励企业现有人员和未来引进的人员。股权激励最好多批次实施，让后面的人有机会参与，进而提高激励效果。

二是股权激励的数量和规模应该根据岗位和业绩贡献拉开差距，而不是平均分配。事实上，数量和规模的平均分配反而是最大的不公平，会挫伤有贡献和有能力的核心人才。

小提示

因为分配不公平，导致很多企业实施股权激励计划后，核心高管纷纷离职。

（六）考虑与资本市场对接

股权核心价值在于增值和兑现，企业的股票期权进入资本市场后基本能实现较大的增值。企业在设计股权激励方案时应充分考虑与资本市场对接，如成熟企业在实施股权激励时需要重点考虑股权激励模式及股份支付的影响等。

三、确定激励目的时应避免的误区

实践中，不同企业在确定股权激励目的时，往往存在图 7-3 所示的几个误区。

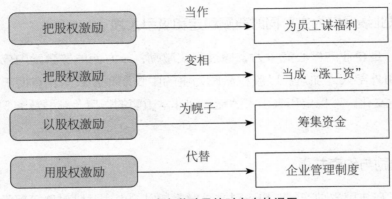

图 7-3　确定激励目的时存在的误区

（一）把股权激励当作为员工谋福利

企业经过了初创期进入高速发展期之后，一些企业老板就想让那些追随自己多年、忠心耿耿、在企业最艰苦的时候仍然不离不弃的老员工过上更加幸福的生活。这种想法固然很好，也是理所当然。但是，如何才能让他们过上更幸福的生活呢？

提高员工收入水平的方式有很多，包括工资、奖金、年终奖等，但是不能把股权激励当成员工的"福利"，企业的本质是经济实体，要通过市场竞争自负盈亏，它不是"福利院"。很多企业老板把股权激励当成"福利"进行派送，结果一定是两败俱伤——伤害了企业，也伤害了员工。

对企业来说，这是对企业利益的严重损害和低估，为日后的股权纠纷埋下隐患；而且没有业绩考核的股权激励容易让员工养成懒散、自私、贪婪等毛病，不利于企业的发展。

对员工而言，太容易得到的东西往往不会好好珍惜，这是人性的弱点，他们不会深刻感受到股份的价值和意义，所以他们的能力得不到提升，企业也达不到激励的效果。

"福利"式股权激励不会激发员工真正的价值创造,企业如果把股权激励当"福利",一定会造成不如人意的后果。企业老板一定牢记:员工获得股权激励应该是有条件的,只有在完成相应业绩考核的情况下才能获得一定数量的股权。

(二)把股权激励变相当成"涨工资"

企业老板如果把股权激励变相当成"涨工资",往往会搬起石头砸了自己的脚。因为,对于员工而言,他们看重的是眼前利益,也就是自己真正能拿到手的钱,他们对未来缺乏信心和安全感。

(三)以股权激励为幌子筹集资金

企业在发展过程中,最容易出现资金问题,很多企业倒闭也是因为资金链断裂。企业筹集资金的方式有很多,包括吸收直接投资、向银行借款、利用留存收益、利用商业信用、发行股票、发行公司债券、融资租赁、杠杆收购等。但我国众多非上市中小企业普遍存在融资困难的问题,而银行等正规的金融机构为中小企业提供的资金服务也相对有限。在这种情况下,非上市中小企业通常采用的筹集资金的方式就是借款、股东增资、吸引投资者等。

中小企业在发展的困难时期或特殊时期,会选择出让股权的方式来获得企业发展资金,但这属于企业股权融资范畴而非股权激励。股权激励一定是对企业内部员工而言的。一些企业在发展的困难时期,会动员内部员工以较低的价格购买股份,以股权激励之名行筹集资金之实。这往往会导致企业价值被低估并且会增加企业未来的运营风险和成本。股份廉价出让会导致大股东股份被稀释,如果员工抛售股份,也会让企业利益蒙受损失。并且,这种情况下的股权激励还会带来两大隐患:

一是以筹集资金为目的的股权激励一定会降低"门槛",表现在股份价格和业绩要求两方面,这就不能很好地起到激励和约束的作用。

二是企业在资金短缺时实行此种股权激励,如果员工行权时不能兑现股权收益,那么就很容易降低企业的信用,轻则增加再次融资的难度和成本,重则会引发一系列的股权纠纷。

一些中小民营企业打着股权激励的幌子来筹集资金,这其实是"饮鸩止渴"的做法,不但不能解决企业资金问题,而且还会对企业的内部治理造成很大的损害。

(四)用股权激励代替企业管理制度

股权激励是提高企业业绩、充分调动员工工作积极性的有效机制,但股权激励也不是无所不能的。股权激励并不能等同于企业的管理制度和绩效考核,它需要一套严格的企业管理制度和绩效考核体系来支撑。企业管理制度、治理结构和绩效考核是一个繁杂的工程，需要企业根据自身情况不断完善。股权激励只能作为这些制度的重要补充，发挥协同作用。事实上，股权激励的实施需要相关的配套管理机制，否则难以达到预期的目的。

莫让股权激励变成非法集资

通常情况下，公司对员工实施股权激励，会要求员工按照股权公允价值的一定折扣支付相应的对价，且股权激励的对象人数有时可能突破200人。此时，公司实施股权激励，就有可能触发非法集资的犯罪红线。

所谓非法集资犯罪，实际上是指非法吸收公众存款罪，集资诈骗罪以及擅自发行股票、企业债券罪等罪名的集合。公司实施股权激励主要是为了经营需要，不具有承诺收益或诈骗的特性，故大部分的股权激励不构成非法吸收公众存款罪以及集资诈骗罪。但是，如果公司名为实施股权激励，实际上向员工承诺收益，并且具备违法性、公开性、社会性等特征的，则涉嫌构成非法吸收公众存款罪。值得注意的是，公司向内部员工集资，是否符合社会性、公开性等特征，难以分辨。实务中，如果出现集体报案、无法偿还以及严重后果的，还是有可能定性为此类犯罪的。进一步而言，如果公司除满足上述特征外，还具有非法占有的性质，则以集资诈骗罪论处。

就擅自发行股票、企业债券这一罪名而言，包括两种情形，第一种是未经批准，向社会不特定对象发行；第二种是未经批准，向特定对象发行，且人数超过200人。股权激励一般是公司向员工发行或转让股权，且用于经营，不满足第一种情形。就第二种情形而言，一旦股权激励人数超过200人或者经股权激励后，公司股东人数超过200人，则涉嫌公开发行。所以，我们在进行股权激励的时候，一定要征询专业人士意见，避免踩红线。

根据新《证券法》第九条规定，有下列情形之一的，为公开发行：（二）向特定对象发行证券累计超过200人，但依法实施员工持股计划的员工人数不计算在内。也就是说，公司实施股权激励时，如果遵循法律要求，即使股东人数超过200人，也不按公开发行处理。尽管如此，我们还是认为股权激励不等于工资福利，股权激励是对公司核心人员的激励，没有必要大规模大范围地开展，否则，一方面增加了大股东的股权成本；另一方面也容易导致股权激励效果不佳。

第二节　确定激励的对象

股权激励方案设计过程中，企业和员工最关心的问题是哪些员工能够被激励？确定激励对象是一项非常复杂而细致的工作，也是股权激励计划中非常重要的一个环节。

一、股权激励对象的范围

股权激励的对象应是企业中具有战略价值的核心人才，核心人才是指拥有关键技术或拥有关键资源或支撑企业核心业务或掌握核心业务的人员。企业在激励对象选择层面需要把握宁缺毋滥的原则，对少数关键人才进行激励。

企业核心人才一般包括高管、技术类人才、营销类人才等，如图7-4所示。应根据企业的行业属性和具体岗位的重要性进行具体化区分。

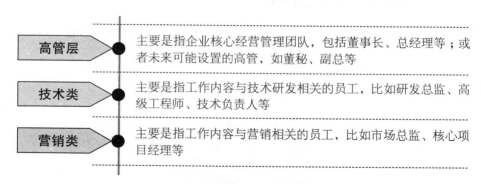

图7-4　企业核心人才的范围

 相关链接

上市公司股权激励对象的范围

《上市公司股权激励管理办法》第八条有如下规定。

激励对象可以包括上市公司的董事、高级管理人员、核心技术人员或者核心业务人员，以及公司认为应当激励的对公司经营业绩和未来发展有直接影响的其他员工，但不应当包括独立董事和监事。外籍员工任职上市公司董事、高级管理人员、核心技术人员或者核心业务人员的，可以成为激励对象。

单独或合计持有上市公司 5% 以上股份的股东或实际控制人及其配偶、父母、子女，不得成为激励对象。下列人员也不得成为激励对象。

（一）最近 12 个月内被证券交易所认定为不适当人选。

（二）最近 12 个月内被中国证监会及其派出机构认定为不适当人选。

（三）最近 12 个月内因重大违法违规行为被中国证监会及其派出机构行政处罚或者采取市场禁入措施。

（四）具有《公司法》规定的不得担任公司董事、高级管理人员情形的。

（五）法律法规规定不得参与上市公司股权激励的。

（六）中国证监会认定的其他情形。

二、股权激励对象确定的原则

企业在推行股权激励计划时，应遵循图 7-5 所示的三项原则来确定激励对象。

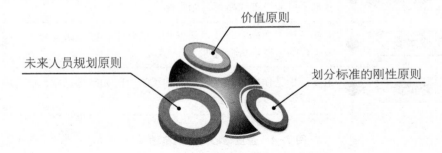

图 7-5　股权激励对象确定的原则

（一）价值原则

这里的价值是指激励对象对企业的价值，既包括过去的价值，也包括未来的价值，而且后者所占权重更大一些。价值原则是由股权激励目的决定的。

比如，以下是某公司确定的股权激励目的。

（1）进一步完善公司治理结构，建立健全公司长效激励机制。

（2）吸引和留住优秀人才，建立和完善股东与核心骨干员工之间的利益共享机制。

（3）为有潜力、有志向的年轻员工提供更好的发展机会和更大的发展空间，逐步实现奋发向上、人才辈出的景象。

（4）有效地将股东利益、公司利益和经营者个人利益结合在一起，激励与约束并重，提升公司"软实力"，促进愿景目标实现，并给公司、股东、核心骨干员工带来更高效、更持久的回报。

可以看出，企业推行股权激励的目的，不仅仅是授予激励对象更高的回报。给予激励对象更高回报的目的是，进一步调动他们的积极性，激发他们的潜能，创造更好的业绩，给企业、股东带来更高、更持久的价值，从而实现激励对象、企业、股东三方价值共赢。

真正评估激励对象的价值，可以从图7-6所示的两个角度入手。

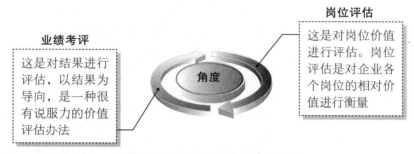

图7-6　评估激励对象价值的角度

在岗位评估过程中，首先，应根据预先确定的评估标准，对评估要素进行赋值；其次，根据评估要素对岗位进行评定、估值；最后，得出各岗位价值。

（二）划分标准的刚性原则

鉴于价值评估难以做到精确，在实际操作过程中，实施股权激励的企业往往需要确定多个刚性标准来对人员进行划分。那么，这个标准的确定就存在一些问题，较常见的是标准有二义性，不够明确，从不同的角度有不同的理解。

比如，"认同公司价值观"就是一个必要的但不刚性的标准，我们难以获得全面的例证来说明激励对象都认同公司价值观，更难以证明其他人不认同公司价值观。

再如，"担任团队负责人"也是一个带有二义性的标准，总经理是团队负责人，部门经理也是，项目经理在项目存续期间也是。还有一种极端的情况，项目经理A由于项目刚结束不再是负责人，而项目经理B由于项目还在存续期间就符合这个标准。如果项目经理A在能力、贡献等方面都超过项目经理B，则会导致项目经理A受到伤害，认为公司制定的规则不公平。

在实践中，有一些标准是刚性的，只要确定下来，可否划入激励对象范围便一目了然。

比如，司龄3年（含）以上离退休返聘人员不是激励对象，公司现有股东不是激励对象等，这些都是刚性标准，不会有二义性。如果公司建立了明确的职位体系和任职资格体系，也可将职级作为划分标准。

（三）未来人员规划原则

一般来说，股东应同时考虑当下和未来3~5年的激励计划。在确立激励对象时，也要有前瞻性，应依据企业经营发展需要，明确未来3~5年的人员规划，并为未来可能引进的激励对象预留激励股份。

比如，未来3~5年，公司营业收入将翻一倍，人员增长500人，并新设"战略发展中心"和"投融资中心"，预计新增符合现有激励对象标准的人员将有20人。那么，现在就应做好对这20人进行激励的准备，并预留必要的股份。

上市公司中也有类似的规定，比如，上市公司在制订股权激励计划时，设置了预留权益，并规定预留比例不得超过本次股权激励计划拟授予权益数量的20%。由于上市公司的特殊性，还可以要求上市公司在股权激励计划经股东大会审议通过后12个月内明确预留权益的授予对象；超过12个月未明确激励对象的，预留权益失效。而非上市公司在这一方面的规定就非常灵活，在实施股权激励计划时，可以考虑更长期的人员需求，更方便地追加激励对象和激励股份，重新实施股权激励计划。

三、股权激励对象的评估

企业可以利用企业人才模型，从人员的岗位价值、人员的素质能力水平和人员对企业的历史贡献三个角度进行评价。其中，岗位价值是评估最重要的因素，建议占比50%；素质能力代表未来为企业做的贡献，建议占比30%；历史贡献也需要考虑，不能让老员工心寒，也给现在的员工作出榜样，建议占比20%，如图7-7所示。

岗位价值	素质能力	历史贡献
员工的一部分价值要通过其所处的岗位价值来体现，应先明确股权激励中岗位人员的评价要素，再评价岗位的价值，进而评价岗位员工的价值	员工素质能力水平的高低，既表示他们目前为企业创造的价值，也是对他们未来发展潜力的预期	既是对老员工成绩的肯定，同时也能起到为新员工树立典范的作用，应让新员工看到，只要为企业发展作出贡献，就会得到企业发展带来的收益
50%	30%	20%

图7-7　股权激励对象的评估因素

可用打分制工具对评估因素进行量化，如表 7-1 所示。

表 7-1 评估因素的量化标准

维度	序号	因素名称	因素权重	因素含义
岗位价值 50%	1	战略影响	15%	岗位所能影响的战略层面和程度
	2	管理责任	15%	岗位在管理和监督方面承担的责任大小
	3	工作复杂性	10%	岗位在工作中所面临问题的复杂性
	4	工作创造性	10%	岗位在解决问题时所需要的创造能力
素质能力 30%	5	专业知识能力	10%	员工所具有的专业知识能力的广度和深度
	6	领导管理能力	10%	员工所具有的领导管理能力
	7	沟通影响能力	10%	员工所具有的沟通及影响他人的能力
历史贡献 20%	8	销售业绩贡献	7%	员工以往对销售业绩的贡献大小
	9	技术进步贡献	7%	员工以往对技术进步的贡献大小
	10	管理改进贡献	6%	员工以往对管理改进的贡献大小

确定一个分数标准，人才价值分数高于该分数标准的人员可以进入股权激励计划名单，成为激励对象，如图 7-8 所示。

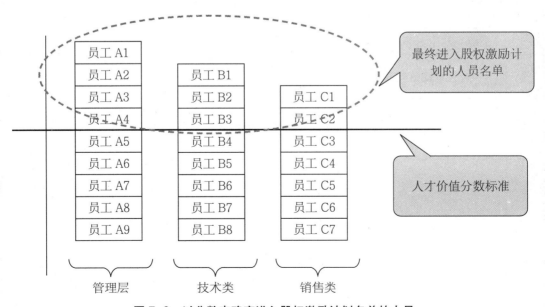

图 7-8　以分数来确定进入股权激励计划名单的人员

131

四、不同行业股权激励对象的确定方法

（一）家族企业的定人方法

家族企业股权激励的对象包括七种人，如图7-9所示。

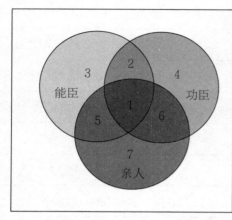

1	能臣 + 功臣 + 亲人
2	能臣 + 功臣
3	能臣
4	功臣

▲家族企业处于创业期时，以第2、5、6类人为主

▲家族企业处于成长期时，应让第1类人领衔，第2、3、4类人为主

图7-9 家族企业股权激励的七种人

其中，能臣按照职务高低来划分；功臣依靠工作表现来区分；亲人则以血缘关系来区分。七种人的股权激励特征如表7-2所示。

表7-2 七种人的股权激励特征

	种类	特征
1	能臣 + 功臣 + 亲人	·都有创业股，原则上不参与激励
2	能臣 + 功臣	·分配期权时，主要按职务，以能力为主 ·功劳很大，但功劳股不能大于能力股
3	能臣	·能臣的任用决定了企业的长远发展，要大量吸引 ·此类人很重要，应按照职务分配期权 ·能臣要分类，如分成现在很有能力的能臣、潜力型的能臣等
4	功臣	·功臣一般都踏踏实实，文化水平可能不高 ·主要是近期的现金激励，以福利、荣誉和安定为主 ·要有功臣提升计划，把功臣变成能臣
5	能臣 + 亲人	·原则上是职务激励 + 亲情补贴 ·如果有可能，亲情股大于职务股
6	功臣 + 亲人	·原则上没有职务股，但有亲情股
7	亲人	·没有职务股，但有亲情股

（二）制造企业的定人方法

制造企业的定人方法如图 7-10 所示。

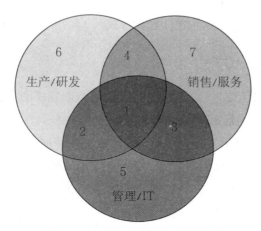

图 7-10　制造企业的定人区分图

1. 1 区（管理 + 生产 + 销售重合区）

管理、生产和销售重合区是股权激励的重点，包括总经理、销售副总、管理副总、财务副总、技术副总、生产副总、市场副总、技术研发中心骨干等。这部分工作不易用绩效考核的方式来衡量，但对企业的发展非常重要。

2. 2、3、4 区（局部重合区）

2 区：管理 + 生产重合区，如质检、生产统计等；3 区：管理 + 销售重合区，如客户管理、IT 系统等；4 区：生产 + 销售重合区，如售后服务等。对于传统企业而言，这些区域的重点和难点是确定使用什么样的激励方式更有效率。

如果 2、3、4 区域的工作容易量化，采用薪酬和绩效考核更有效率，不需要进行股权激励。如果 2、3、4 区域的工作不好量化，那么就需要采用股权激励方式。

3. 5、6、7 区（非重合区）

非重合区一般不需要股权激励。

5 区（管理）：用薪酬和绩效解决，不需要股权激励。

6 区（生产）：生产工人采用工资 + 计件提成的方式，不需要股权激励。

7 区（销售）：企业的业务人员采用工资 + 销售提成的方式，不需要股权激励。

（三）高科技企业的定人方法

高科技企业是以人力资本、知识资本为核心的企业，具有高风险、高投入、高成长、经营灵活等特点，这些内在的特性决定了高科技企业较其他类型的企业更适合推行股权激励机制。

因高科技企业强调科研和创新，持股对象除高管外，一般为科技人员，这些科技人员是企业的关键，因此也是激励的重点。

由于科技人员的绩效一般需要较长时间才能显现，而他们的科研成果对整个企业的发展有重大影响，因此通常采用期权的激励方式。

（四）连锁企业的定人方法

连锁企业的股权激励对象分为总部管理人员和连锁店核心人员两部分。总部管理人员的定人方法可参考家族企业和制造企业。

连锁企业的典型特征是单店管理，针对不同的连锁行业，应该有不同的股权激励政策。很多连锁企业的店长职位级别较低，薪资待遇也不高。是否将单店核心人员纳入股权激励的范围，主要看其对一个店的管理、销售作用有多大。

 **相关链接**

特殊群体如何进行股权激励

1. 对"过气元老"如何进行股权激励

在企业中，特别是经历过一定发展期的企业，一般存在这样一些人：企业初创时，他为企业尽心竭力，无私奉献；但是随着企业的不断发展、壮大，他的思维已经固化，跟不上市场日新月异的变化，能力上也不能胜任，变得不称职，甚至开始阻碍企业的发展。

对于这样一些"过气元老"，是否要进行股权激励呢？有的领导可能会觉得这些人都没用了，没必要进行激励。但是，这些曾为企业作出贡献的人被一脚踢开，肯定会让现在的员工心里不舒服。所以，对"过气元老"的股权激励，就是对现在员工的最大认同，不轻易抛弃下属的领导才能让员工死心塌地地追随。因此，在企业条件允许的范围内，结合历史贡献和未来发展，给予"过气元老"一定份额的股权激励是大有益处的。

2. 对"企业明日之星"如何进行股权激励

企业的"明日之星"指的是这样一类员工：他们现在已经表现得非常优秀，是企业的创新型人才，因为年限或者资历等原因，目前还不是部门负责人或者尚未独当一面。但是，他们是企业内部重点培养的对象，是企业的骨干中坚力量，是企业未来发展的基石。对于这些"明日之星"，企业应考虑自身的长远发展，给予他们一定份额的股权激励。

3. 对老板的司机、秘书进行股权激励是否合适

有些企业老板，对自己身边的人，比如司机、秘书这类辅助性岗位的人员，通常倾注了更多的感情和信任，在制订股权激励计划的时候，首先会想到把他们列入激励的名单。但是从现代企业管理的角度的来说，司机和秘书这样的岗位，对企业的贡献值并不足以影响企业的长远发展，让其进入股权激励名单并不合适，反而会引起其他员工的异议，引发员工舆情，从而与股权激励计划的本来目的背道而驰。

总而言之，股权激励对象的选择有一些普遍适用的规则，但是若仅仅以知识、职位等作为激励对象的选择依据，其实也是不合理的。对于非上市公司而言，股权激励对象的确定可以采用管理岗位经理层＋关键岗位工作人员＋董事会主观认定的方式。因为非上市公司的股权激励对象不受法律约束，所以董事会在确定股权激励范围的时候可以很灵活，激励范围可以包括董事会成员、总裁、副总裁、财务负责人、中高层管理人员、核心技术人员、优秀员工。一般选择长期为公司服务的忠诚员工、对公司有特殊贡献或公司特别引进的人才。对于上市公司而言，股权激励对象要依照《上市公司实施股权激励管理办法》等相关法规予以确定，基本包括董事、高级管理人员、核心技术人员及其他董事会特批人员。

第三节　确定激励的模式

股权激励的模式是整个股权激励方案中最重要的要素之一，需要企业根据实际情况综合判断。

一、影响激励模式确定的因素

股权激励模式和工具的确定需要根据企业内外部环境条件和所要激励对象的不同，结合各种激励模式的作用机理，充分关注股权激励中存在的问题，初步选择适合企业实际的几种激励方法，以备筛选。具体确定某家企业的激励模式时，应在详细研讨的基础上，综合考虑（但不局限）表7-3所示的不同影响因素。

表 7-3　不同因素对激励模式选择的影响

序号	影响因素	具体说明
1	企业性质	国有企业和民营企业无论是人员结构、薪酬激励机制还是所依存的政策法规环境都有很大的差别，民营企业自由度更大，激励模式的选择更灵活

序号	影响因素	具体说明
2	行业特性	行业特性往往决定了企业核心竞争力所需的人才，相应的激励机制应该向其倾斜，比如机械制造类企业，其激励机制相应会往技术、研发人员方向倾斜
3	股权结构	股权激励有可能打破原来的股权结构，影响大股东的控制权。如果上市公司股权过于分散，控股股东持股比例较低，那么用于激励的股票数量不宜过大
4	推动主体	推动股权激励实施的不同主体一般代表不同的利益团体，比如，推动方是股东，往往关注企业的长期绩效；推动方是管理层，往往更关注个人利益的得失。不同的动机将会对股权激励计划产生不同的影响
5	生命周期	企业处于不同的生命周期，应选择不同的股权激励模式，比如，企业处在快速扩张期时，往往需要负债经营，资金压力较大，这时如果采取股票增值权和业绩股票的模式，就不太合适，会对现金流产生较大的影响
6	企业规模	企业规模往往会影响激励对象的范围和激励股票的数量，规模与实力较大的企业，激励的力度可大些；反之，规模与实力较小的企业就要考虑激励力度过大带来的成本压力
7	盈利状况	盈利状况较好的企业，股权激励模式的选择空间较大。盈利状况较差的企业应尽量避免增加成本和现金的支出，尽量不要选择股票增值权的激励方式

二、选择股权激励模式的原则

企业在选择股权激励模式时，要掌握图 7-11 所示的几个原则。

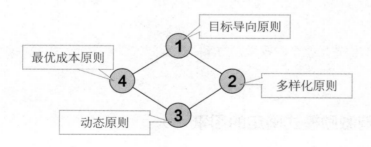

图 7-11 选择股权激励模式的原则

（一）目标导向原则

企业应明确实行股权激励要解决的问题及要达到的目的，然后再根据这个目标去选择股权激励模式。如果目的不明确，仅仅是效仿其他企业，最后极有可能促进不了企业的发展，一旦明确了实施目的，就一定要坚持以目标为导向来确定激励模式。

比如，明确了实施目的是提升企业的业绩，那么就不要弄成回馈老员工式的福利性质激励。

（二）多样化原则

企业选择股权激励模式，并不一定采用单一模式，可以多种模式并存。企业应根据实际情况、不同激励对象的特点灵活采用不同的激励模式。

比如，针对经营者和高级管理人员，股权激励的主要目的是产生正面激励与反面约束的双重效果，则可采用以限制性股票、业绩股票等股权激励方式。针对一般的员工，不应该把股权激励作为主要的激励手段，因为他们能得到的股权不是很多，企业整体业绩（或效益）与其工作、收入的关联度较低；可通过员工直接购股或设置期股的方式让员工有机会分享企业的利润。

（三）动态原则

由于企业的规模、组织架构、业务形态等方面都在不断发生变化，因此，在同一企业中，股权激励模式也应该随企业的发展而进行相应调整。

一般来说，企业从创业开始，会经历一个从合伙制企业、股份合作企业向有限责任公司过渡，最后到上市的股份有限公司的过程。这期间，企业的治理结构是不断变化的，不同阶段发挥核心作用的员工群体也在发生变化，因此企业股权激励的重点和模式也应该作出相应调整。

（四）最优成本原则

企业实施任何管理措施都需要考虑实施成本，股权激励同样也不例外。企业要在保证实现激励目的前提下，选择成本最优的激励模式。

这里的成本有两个意思，一个是财务上的成本，另一个是时间上的成本。

（1）从财务成本角度出发，企业需要考虑自身的财务状况、支付能力，以及股权授予带来的税费等问题，最终选择性价比最高的激励模式。

（2）从时间成本角度出发，企业需要考虑激励模式的实施与管理难度，以及员工对激励模式的接受程度，以便减少推行阻力带来的时间损耗。

企业如果在实施股权激励的过程中，耗费了过多的成本，造成了财务上的压力甚至恶化了治理结构，或者见效缓慢而错失了发展良机，对企业来讲都是得不偿失的。

三、上市公司激励模式的选择因素

上市公司究竟采取哪种股权激励模式，取决于图 7-12 所示的因素。

图 7-12　上市公司激励模式的考虑因素

（一）上市公司的财务现状

对于业绩奖励型限制性股票激励模式，上市公司需要每年提取奖励基金购买上市公司的股票以用于激励对象。在这种模式下，上市公司应当有相当的现金储备与未来可预期的充足的现金流，否则的话，会给上市公司带来较大的现金支出压力，从而影响公司的运行。而采用公司定向增发取得激励标的的股票期权模式和折扣购股型股票期权模式，则会因激励对象需要支付一定现金购买公司股票而带来上市公司资本金的增加，对公司的实际现金流量基本没有什么影响。

（二）激励对象的范围

激励对象不同，所选择的股权激励类型也不相同。在中外合资的上市公司以及一些跨国经营的上市公司中，具有外国国籍的高管不在少数，为了达到激励的公平性，这些具有外国国籍的高管也必须纳入股权激励计划的范围之内。但是，在中国的证券市场上，具有外国国籍的人员不允许开设证券账户以持有上市公司的股票，无法采取股票期权或者限制性股票的模式，因为这两种股权激励模式的实施都要求激励对象实际持有上市公司的股票，所以在这种情形下，上市公司应当采取股票增值权的股权激励模式，此模式不需要激励对象实际持有上市公司的股票。

（三）激励对象的风险

上市公司实施股权激励计划，尤其是第一次实施时，激励对象有很大一部分是上市公司的创业元老，在这种情形下，适合股票期权模式，因为在实施股票期权计划之初，激励对象并不需要任何现金支出。

在行权期限内，如果公司股票价格低于行权价格，激励对象可以放弃行权而不会带来任何损失，所以，股票期权模式可以说是一种有奖无罚的激励模式；而采用折扣购股型限制性股票激励模式，如果在解锁期内上市公司的股票价格低于激励对象以折扣价购买的股票价格，那么就会给激励对象带来实际的经济损失。

（四）上市公司的公共形象

上市公司的公共形象往往也会对股权激励模式的选择有影响。在上市公司有负面新闻的情况下，一定要慎用折扣购股型限制性股票的股权激励模式，因为在这种激励模式下，激励对象一般是按现有股票价格的 50% 购买的，而广大投资者是按现价购买的，因而容易使投资者产生股权激励计划不公平，是一种利益输送的恶劣印象。当股权激励计划对解锁条件规定不严格时，公司可以考虑采取股票期权模式，在这种模式下，激励对象的行权价格与股票现价相差无几，激励收益来自未来股价与现在股价之间的价差，而对广大投资者而言，股价上升其也会跟着受益，不会对公司的公共形象造成影响。

四、非上市公司激励模式的选择因素

非上市公司的股权激励因为没有专门的法规予以规定，因此设计和实施比较灵活，只要不违反《公司法》《合同法》《劳动合同法》等相关法律法规而且能达到企业的战略目的，都可以实施。非上市公司在选择股权激励模式时，应主要考虑图 7-13 所示的几个因素。

图 7-13　非上市公司激励模式的考虑因素

（一）激励对象的人数

对于有限责任公司这样的非上市公司来说，如果预计的激励对象超过 50 人，因为《公司法》对有限责任公司有股东人数不超过 50 人的规定，则公司不适合采用认股权类型或者其他需要激励对象实际持有公司股份的股权激励计划，而应当采用利润分红型虚拟股权激励，或者账面价值增值权型虚拟股权激励，或者其他类型的虚拟股权激励。

对于股份有限公司这样的非上市公司来说，如果其预计的股权激励对象人数超过 200 人，因《公司法》对股份有限公司有股东人数不得超过 200 人的规定，此种情况下，股份有限公司可以采用激励对象不需实际持股的虚拟股权激励模式，而不便采用实股性质的股权激励计划。

（二）对现有股东控制权的影响

如果非上市公司现有多个股东，而且各个股东之间的股权安排比较平衡，则引入新的股权激励对象，会导致原有股东之间股权设置发生改变，而各股东又不愿打破这种平衡，那么，这种情况下，也需要采用虚拟股权性质的股权激励模式，而不是实股性质的股权激励计划。

比如，某有限责任公司，现有股东甲、乙、丙三人，其中甲持有公司 67% 的出资额，乙和丙合计持有公司 33% 的出资额，在这种情况下，即使股东甲因为实施股权激励计划而出让了仅 1% 的股份，也会导致其失去对公司的绝对控股权，因此，如果控股股东不想失去其对公司的控股权，最好实施虚拟股权激励计划。

（三）公司现在的经营状况和财务状况

如果企业本身财务困难，而且处于亏损状态，在这种情形下，员工往往对现有的工资和福利待遇更为看重，而不太指望未来的股份收益，因此，企业应实施具有福利补充性质的股权激励计划。

比如岗位分红权，即员工获得岗位分红股份时不需要支付现金，这样在员工原来收入的基础上增加了岗位股份分红收入，易于为员工所接受。

在企业经营亏损的情况下，不适合实施需要员工出资购买的股权激励计划，因为员工对企业前景担忧，很难接受这种股权激励模式。如果企业的经济效益较好，发展很有前景，即使实施需要员工出资购买的股权激励计划，员工也很容易接受。

五、企业不同发展阶段的激励模式

一般而言，企业的发展分为初创期、发展期、成熟期和衰退期四个阶段。每一阶段的企业战略规划都不一样，也会影响股权激励模式的选择以及激励对象的范围。

（一）初创期企业

企业初创期缺的就是人才，这个时候最关键的是稳定优秀人才，让大家看到发展希望，可以采用核心合伙人参与利润分红的方式（也叫干股）。公司创立伊始，核心合伙人有的以现金出资、有的以能力入股，采用利润分红的干股形式，一方面能吸引能人，另一方面可稳定核心团队。

比如，偏重技术型公司可以以技术入股，这种股份一般由内部协议约定，股份没有投票权、表决权，只带有一种分红性质。

实际上，越来越多的科技型公司都在采用类似的股权分配方法。在初创期，公司对技术人员求贤若渴，总会通过各种方式吸引技术人员加盟。但出于对公司发展方向的考虑，是绝对不愿意出让经营权的，于是就有了这种"只分红，不参与经营的干股"。这种股份形式，主要用来凝聚团队，只要公司整体向好，员工的积极性就可以被充分调动起来。

 **相关链接**

某初创公司股权激励模式

某公司目前处于初创期，核心骨干团队组建时间较短，并且成熟度较差；目前公司薪酬体系与股权激励的匹配度一般，基于公司管理层面的考量，股权激励计划将选用以下模式。

1. 分红股股票

分红股是指股东不必实际出资，就能占有公司一定比例份额的股份，俗称"干股"。

本次股权激励以公司控股的门店作为激励平台，设置分红股。激励对象依照"股权激励计划协议书"规定，满足条件即可获取分红股。

激励对象通过持有分红股，并未取得法律意义上的公司股东资格，不享有《公司法》所规定的查阅权、利润分配权、投票权、资产收益权、参与重大决策权、选择管理者权等股东权益，但享有"股权激励计划协议书"所规定的权益，取得同公司共同成长的资格，并以"虚拟分红"的方式获得奖金。

2. 虚拟股股票

虚拟股是指公司授予激励对象一种虚拟的股票，激励对象可以据此享受一定数量的分红权和股价升值收益，但没有所有权、表决权，不能转让和出售，在离开公司时自动失效。

本次股权激励以公司作为激励平台，设置虚拟股。激励对象依照公司"股权激励计划协议书"规定，满足条件即可获取虚拟股。

激励对象通过持有虚拟股，并未取得法律意义上的公司股东资格，不享有《公司法》所规定的查阅权、利润分配权、投票权、资产收益权、参与重大决策权、选择管理者权等股东权益，但享有公司"股权激励计划协议书"所规定的权益，取得同公司共同成长的资格，并以"虚拟分红"的方式获得奖金。

（二）发展期企业

发展期企业一般是指稍具规模、存在间接管理的企业，需要设置一些职能部门，形成由上至下的管理方式。这个过程中，企业的员工激励显得尤为重要，因为随着职能部门越来越多，企业整体运营效率是不断下降的，各个部门之间互相推诿、权责不分等现象逐级加大。为了提高企业的整体运营效率，稳定中坚力量，股权激励是越来越多企业的选择。

（三）成熟期企业

企业迈入成熟期后，有了稳定的客户群和营收，但是市场增长缓慢，竞争日趋激烈，生产能力过剩，价格战成为主要的竞争手段，降低成本成为企业的重点工作。在这种情况下，企业实施股权激励首先要达到的目标是稳定企业的现有管理人员和骨干人员，而且还要考虑实施股权激励能不能给企业带来太大的资金成本负担。此时，企业适合采用认股权的股权激励模式，以及限制性期股和延期支付性质的股权激励。这几种模式都是将奖励性质的薪酬予以延期支付，有利于企业留住人才。

（四）衰退期企业

当企业进入衰退期后，销售量明显下降，生产能力严重过剩，利润大幅度下降甚至持续亏损。在这种环境下，企业不论绩效好坏，都面临着人员流失的局面。此时，企业应考虑今后若进行裁员，应保留关键岗位的关键人员，因此适合实施岗位分红权的股权激励模式。

第四节　确定激励的载体

股权激励分为直接持股和间接持股，其中，直接持股的载体为自然人，间接持股的载体为持股平台。股权激励持股平台主要包括有限责任公司、有限合伙企业，有时还通过设计金融产品实现。

一、直接持股

员工直接持股，就是将所激励员工作为企业的自然人股东，直接登记于企业股东名册，并在工商部门办理登记手续，原则上该激励对象享有《公司法》规定的全部权利并承担相应的义务。

（一）优点

直接持股形式的优点比较明显，如图 7-14 所示。

对激励对象而言，他是企业的直接股东，享有企业股东的全部权利，荣誉感、归属感特别强烈

员工通过直接持股的方式，在获得分红或转让股权时，承担的税负是最低的

图 7-14　员工直接持股的优点

（二）缺点

直接持股形式在早期企业实施股权激励中较为常见，其缺点如图 7-15 所示。

缺点一 ▷ 因《公司法》规定有限责任公司的股东不能超过 50 人，因此对企业激励对象数量有一定限制

缺点二 ▷ 企业直接股东较多，很难快速形成有效决议。直接持股的激励对象转让股权退出时，因决议效率较低，或将面临较大难度

缺点三 ▷ 因直接持股的激励对象一般有权以股东身份提起诉讼，此时企业面临的风险也将增加

缺点四 ▷ 当登记股东较多时，控股股东的实际控制权也会相应减小，这给企业管理带来一定困难

图 7-15　员工直接持股的缺点

> **小提示**
>
> 基于以上风险，实务中一般不建议企业在进行股权激励时采用激励对象直接持股模式，而是推荐通过搭建持股平台的模式进行股权激励。

二、有限责任公司持股

有限责任公司指根据《中华人民共和国公司登记管理条例》规定登记注册，由 50 个以下的股东出资设立，每个股东以其所认缴的出资额对公司承担有限责任，公司以其全部资产对公司债务承担全部责任的经济组织。在该种模式下，激励对象作为自然人股

东持有持股平台的股份，持股平台作为公司的法人股东持有公司的股份。使激励对象通过此种间接持股的方式拥有公司的股份，可达到将员工利益和公司利益绑定的初衷。有限责任公司持股架构如图 7-16 所示。

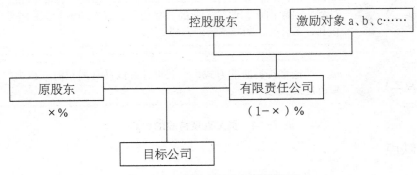

图 7-16　有限责任公司持股架构

（一）优势

有限责任公司受到《公司法》的约束，设立需要符合法定要求，内部需要设置股东（大）会、董事会（执行董事）和监事会（监事），对于股东、董事会、监事会、高级管理人员的权利和义务要有清晰的规定，等等。有限责任公司的成立与变更需要到工商行政部门进行登记，如果未按照工商部门的规定履行相应的行政程序，那么公司可能会受到行政处罚。因此，有限责任公司的运作受到法律和行政部门的监管，治理相对规范。

（二）劣势

有限责任公司的规范运作是一把"双刃剑"，其规范性给股权激励的操作也带来一定影响，具体如图 7-17 所示。

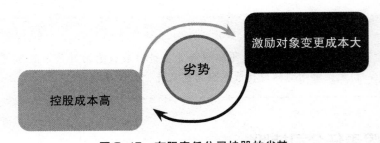

图 7-17　有限责任公司持股的劣势

1. 控股成本高

公司无疑需要通过控制持股平台来实施股权激励，因此公司或公司实控人、大股东必须是持股平台的控股股东，激励对象只能是小股东。但如何成为持股平台的控股股东，取决于正确的股权架构设计。公司无论是通过自身还是大股东持有持股平台的股份，一旦需要对持股平台拥有完全的控制权，就需要认缴相应比例的注册资本金。对公司来说，这也是一笔不容忽视的开支。毕竟这与股权激励的规模成正比，股权激励的力度越大，公司需要投入的成本也越高。

2. 激励对象变更成本大

一旦出现激励对象因离职等丧失被激励资格的情形时，公司需要将其所持有的股份回购或转让，无论是由持股平台回购其股份还是由公司或大股东或其他激励对象受让其股份，都需要完成股东（大）会决议、变更工商登记等程序，相对来说，程序烦琐，代价较大。

三、有限合伙企业持股

有限合伙是指一名以上普通合伙人与一名以上有限合伙人所组成的合伙。有限合伙的概念是相对于普通合伙来说的，普通合伙是由普通合伙人组成的合伙，合伙中没有有限合伙人。普通合伙人对合伙企业债务承担无限连带责任，有限合伙人以其认缴的出资额为限对合伙企业债务承担责任。在员工持股合伙企业中，通常由公司高管或控股股东担任普通合伙人，由激励对象担任有限合伙人。有限合伙企业持股架构如图 7-18 所示。

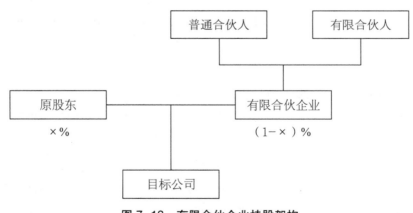

图 7-18 有限合伙企业持股架构

（一）优势

有限合伙企业持股的优势主要如图 7-19 所示。

1. 便于管控

企业进行股权激励时，首先不可忽略管理人对企业的控制权，这是股权激励的基础和前提，也是必须要解决和关注的问题。

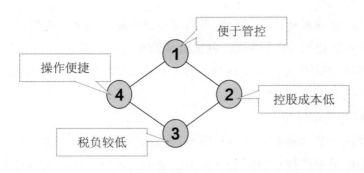

图 7-19　有限合伙企业持股的优势

在合伙平台中，由于有限合伙人在法律上不享有执行合伙事务的权利，企业实际控制人可以通过控制普通合伙人权利的方式保留企业的投票权等实质性管理权利。

而在有限责任公司平台中，激励对象均为股东，对有限责任公司平台有一定的决策权和股东权利，一定程度上对有限责任公司平台的决策会造成不便和干扰。因此，相较于有限责任公司，有限合伙企业更容易达到股权控制的目的。

2. 控股成本低

在有限合伙企业中，普通合伙人对外代表合伙企业，而有限合伙人不执行合伙事务，不得对外代表有限合伙企业。因此，成为普通合伙人就成为了合伙企业的控制人。同时，由于有限合伙人和普通合伙人是以其是否承担无限连带责任加以辨别，所以对普通合伙人的投资金额没有要求，普通合伙人可以以劳务出资，甚至可以不用投入资金。正因为普通合伙人可以通过较少的出资获得合伙企业的控制权，所以成为企业持股平台常见的选择。

3. 税负较低

以有限责任公司作为持股平台，激励对象将涉及双层税负——公司层面需要缴纳企业所得税，个人层面需要缴纳个人所得税；但在合伙企业中，因合伙企业不具备独立的法人资格，所以只有单层税收，即只需要合伙人承担相应的个人所得税。

4. 操作便捷

合伙企业最大的特点是人合性。不同于公司的设立，合伙企业中的事项可以通过合伙协议来约定，只要不违反法律强制性规定，合伙人之间可以规定任何内容，因此相对于有限责任公司，合伙企业的运作更加自由。激励股份的授予，可以由持股平台的普通合伙人将份额直接转让给激励对象，并在合伙协议中载明激励对象的有限合伙人身份以及对其权利的限制。如果出现需要回购的情形，可由双方签订协议或者直接由合伙企业将其除名，即全都在合伙企业内部进行，不需要进行相应的登记和公示，因此更有利于对激励对象股份的动态管理。而且当企业需要股东（包括持股平台）决策时，大多数决议只需要普通合伙人通过即可，其操作更加简便并且落地性更强。

（二）劣势

1.普通合伙人的无限连带责任

正因为合伙企业没有法人资格，难以对外以合伙企业的财产独立承担民事责任，所以普通合伙人需要对合伙企业的债务承担无限连带责任。因此，实践中也有企业通过再设立一个有限公司作为持股平台的普通合伙人，加入公司有限责任这道"防火墙"，避免个人承担责任。

2.政策的不确定性

目前，国内合伙企业的相关法律法规并不健全，不同地区对于合伙企业"先分后税"（合伙企业先将利润分给合伙人，再由合伙人缴纳个税）的规定存在区别，未来可能有政策变化的风险。

 相关链接 ‹ ···

如何搭建有限合伙企业持股平台

1. 确定持股平台及激励对象的持股份额及比例

持股平台持有公司多少股权应根据公司股权激励或引进投资的具体情况确定，例如，管理人拿出 10% 的股权用于此次激励，而平台公司此时可以适当多持至 15%，多余部分可暂时由执行事务的合伙人持有或原企业提前预留，以便后续增加激励比例。持股比例需要按照原企业确定的激励对象的职务及数量具体分配，并以此确定激励对象间接持有目标公司股权的份额。

2. 设立普通合伙人（GP）平台

普通合伙人一般由管理人或者其指定的代表担任，对有限合伙企业的债务承担无限连带责任，因此在实际操作中，一般会由有限责任公司担任普通合伙人，对外仅需承担有限责任，达到降低风险的目的。

3. 成立有限合伙企业

确定了有限合伙人（LP）名单及激励份额，该有限合伙人即成为激励对象，激励对象应当签署合伙协议及股权转让协议等一系列文件；准备完毕后，GP 与 LP 共同设立有限合伙企业，即完成股权激励平台的搭建。

4. 通过股权受让或增资，取得目标公司股权

根据实际投资需要和公司决策，有限合伙企业平台可以通过股权受让或者增资的方式，取得目标公司股权。完成股权受让或增资登记后，股权激励设置即完成，激励对象通过有限合伙企业平台间接持有目标公司股权。根据激励分配制度要求，具备分配条件时，目标公司将红利分配至有限合伙企业平台，有限合伙企业平台再向激励对象分配合伙份额收益。

第五节　确定激励的数量

股权激励计划的定数量是指实施股权激励的份额要合理。企业在实施股权激励时，对激励股票的总量是有一定限制的，尤其是上市公司，在制订股权激励计划时就应设定激励股票的总量。

一、数量的内涵

这里的数量包括股权激励的总量和个量。企业的股本、薪酬规划、留存的股权数量、其他福利待遇都是影响激励总量的关键因素。

一般来说，企业进行股权激励时，要保障原有股东对企业的控制权，并根据薪酬水平及留存股票的最高额度确定股权激励总量。而单个激励额度的确定，需要参照国家相关法律法规的要求，利用价值评估工具对激励对象的贡献进行评估，并平衡股权激励对象的收入结构，从而确定每个激励对象可以获得的股权激励数量。

> **小提示**
>
> 总量不是个量的简单加总，个量不是总量的简单分配，量的确定是个双向过程，关系着股权激励效果与成败。

二、股权激励总量的确定

（一）股权激励总量的确定方法

股权激励总量的确定方法有表7-4所示的两种。

表 7-4　股权激励总量的确定方法

序号	方法	具体说明
1	直接确定一个比例	根据企业自身特点、目前的估值水平、CEO 的分享精神、同行竞争对手的激励水平等因素来确定股权激励的总量。业界通常的比例为 10% ~ 30%，15% 是个中间值
2	以员工总薪酬水平为基数来确定股权激励总量	股权激励总价值 = 年度总薪金支出 × 系数，其中系数可根据行业实践和企业自身情况来确定。将股权激励总量与员工总体薪酬水平挂钩，使企业在股权激励的应用上有较大的灵活性，同时又保证了激励总量与企业的同步发展

（二）影响股权激励总量确定的因素

股权激励总量的确定需要考虑以下因素。

（1）总量确定与大股东控制力的关系；总量确定与企业引入战略投资人、上市的关系，要保证大股东对企业的控制权。

（2）企业规模大小。企业规模越大、发展阶段越高，持股比例越小，反之则持股比例越大。

（3）业绩目标的设立（需要多大的激励额度）。

（4）波动风险的预防（业绩好坏）。

（5）总量确定需考虑未来新进或新晋升员工。

小提示

确定总量时要考虑动态股权激励。

（1）不要一次性分配确定。

（2）根据企业发展的历史阶段、未来人才需求、行业变化等情况逐年分次释放股权。

（3）避免过度激励，过度稀释股权。

三、股权激励个量的确定

（1）股权激励不仅要考虑企业发展和行业特点，还需要考虑激励对象的中长期薪酬比例，如图 7-20 所示。

（2）股权激励个量的确定方法有三种，如表 7-5 所示。企业处于初创期，人数较少，建议使用直接判断法，简单明了；企业处于成熟期，人数较多，可以考虑使用分配系数法，通过数据的测算确保公平公正。

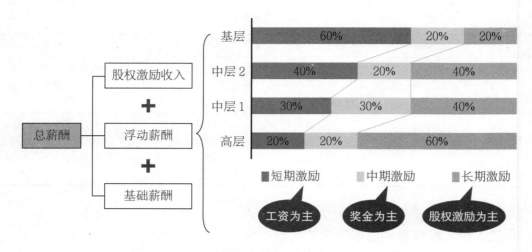

图 7-20　股权激励要考虑激励对象的中长期薪酬比例

表 7-5　股权激励个量的确定方法

序号	方法	具体说明
1	直接判断法	（1）这是最简单的一种激励方法，即董事会综合评判后直接决定每个激励对象的股权激励数量，目前国内采用这种方法的情况居多 （2）一般是考虑几个因素（尤其是职位、业绩、竞争对手的情况）之后，根据可供分配的股权激励总量，直接决定每个激励对象的获授数量
2	期望收入法	（1）个人股权激励数量＝股权激励收益期望值÷预期每股收益＝个人年薪×倍数÷预期每股收益 （2）先假定激励对象行权时获得几倍年薪的期望收入，再预测行权时的每股收益，用期望收入除以每股收益即可得出应授予的股权激励数量
3	分配系数法	（1）个人激励额度＝激励总量×激励对象个人分配系数÷企业总分配系数 （2）企业总分配系数＝Σ个人分配系数 （3）个人分配系数＝人才价值系数×20%＋薪酬系数×40%＋考核系数×20%＋司龄系数×20%

（3）个人股权激励数量的确定，需要考虑未来预留的数量，并且分批次给予。

（4）核心经营团队激励数量不少于激励总额的60%，第一责任人不少于激励总额的20%。

四、单个对象激励额度的确定

（一）单个对象激励额度的确定步骤

如何确定单个激励对象的具体激励额度？在实际操作层面可以依照如下步骤进行。

第一步，确定股权激励计划的激励总额度。

第二步，确定股权激励计划的激励范围、激励对象总数以及分配到各岗位的激励对象数和岗位总额度。

股权激励计划的岗位总额度一般由董事会根据各个岗位激励对象人数及其重要性予以确定。有时也可以不按照工作岗位分配激励额度，而是根据员工的层级予以确定。可以将员工层级分为高级管理层、中级管理层、核心技术人员层、核心营销骨干层四个，然后根据各层级的重要性确定各层级的股权激励总额度。

第三步，确定各岗位激励对象的具体授予额度。

（二）计算公式

单个对象激励额度的计算公式为：

单个激励对象的激励额度=该岗位分配的激励总额度×个人分配系数÷岗位总分配系数

个人分配系数=个人工资系数×40%+个人不可替代性系数×60%

个人分配系数除了工资、不可替代性元素外，还可以是工作年限、利润贡献等。为了方便读者理解，这里仅将计算系数设计为工资和不可替代性元素，在实践中，各企业应该根据实际情况进行设计。

1. 获得激励对象个人工资系数

将该岗位所有员工的平均月工资额设为工资系数1。比如，设平均月工资5000元为工资系数1，某员工月工资为2500元，则其个人工资系数为员工月工资÷平均月工资=2500÷5000=0.5；某员工的月工资为10000元，则该员工的个人工资系数为该员工月工资÷平均月工资=10000÷5000=2。

2. 获得激励对象个人不可替代性系数

不可替代性是指在实现企业业绩目标的过程中，一个员工难以被别人所取代的程度。具体来讲，就是指该员工在多大程度上具有其他员工不具有的专门技术知识、专门技能、专门管理才能、素养及其他企业所需要的能力或品质等。员工的不可替代性系数越高，说明该员工越不可替代。

将该岗位员工的不可替代性平均水平设为不可替代性系数1。如果员工具有普通员工之外的技能或者特长，则酌情加分，反之则酌情扣分。不可替代性系数的取值范围在0.1～2之间。

3. 获得岗位总分配系数

岗位总分配系数为该岗位每个员工的个人分配系数相加后的总额。

4. 获得单个激励对象的激励额度

根据计算公式及获得的各系数就能算出单个激励对象的激励额度。

比如，某企业客户服务岗位分配的总激励额度为6万股，共有3名员工，设平均月工资5000元为工资系数1，员工甲的工资为7500元，则其个人工资系数为1.5，据考察，其不可替代系数为 1.5；员工乙的月工资为 5000 元，则其个人工资系数为 1，据考察，其不可替代系数为 1；员工丙的月工资为 2500 元，则其个人工资系数为 0.5，据考察，其不可替代系数为 0.5。

可得：

甲的个人分配系数 =1.5×40%+1.5×60%=1.5

乙的个人分配系数 =1×40%+1×60%=1

丙的个人分配系数 =0.5×40%+0.5×60%=0.5

该岗位总的分配系数 =1.5+1+0.5=3

因此，甲的激励额度 =6 万 ×1.5÷3=3 万股

乙的激励额度 =6 万 ×1÷3=2 万股

丙的激励额度 =6 万 ×0.5÷3=1 万股

通过这种方式计算出来的员工激励额度，比董事会仅仅根据主观判断随意确定的激励额度，更科学、合理，能够让激励对象认为这是一个公平的股权激励计划。

第六节　确定激励的价格

股权激励定价决定着激励对象获得股份的成本，因此往往影响激励对象的参与意愿，同时也决定着激励对象未来的股份收益。

一、股权定价应考虑的因素

股权定价应考虑图 7-21 所示的因素。

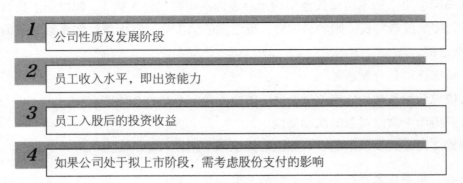

图 7-21　股权定价应考虑的因素

（一）公司性质及发展阶段

对于不同发展阶段的公司，定价方式完全不同，主要是因为不同阶段的经营风险强弱有别。

初创期公司如实施股权激励，通常按照注册资本或初始投入进行定价，主要是因为公司未来的不确定性较大。而对于成长期的公司，公司已经有了稳定的发展，这时实施股权激励通常按照净资产进行定价；如公司已经引入外部投资人，股权价格还需要考虑外部投资人的意见。

（二）员工收入水平，即出资能力

员工的出资能力是员工参与股权激励的先决条件，但并不是最关键因素。如果员工整体的出资能力较低，那股权定价是不是也要降低呢？其实不是，如果单纯是员工的出资能力问题，公司可以以员工的出资方式进行设计，如股东提供借款、分期付款等。在实践中，员工的资金问题往往是很小的一方面，员工对于企业发展的信任才是参与股权激励计划的根本。

（三）员工入股后的投资收益

员工是否愿意参与股权激励，最直接的影响因素是投资收益。对于员工而言，收益太低，则不愿意参与股权激励计划；对于公司而言，员工收益太高，则会存在过度激励的问题。

（四）如果公司处于拟上市阶段，需考虑股份支付的影响

股权定价、股份支付、公司上市这三者有何关系呢？如果授予员工股份的价格低于市场公允价，就需要做股份支付处理。股份支付不会影响公司的现金流，但会影响当年公司的净利润。如果公司股份支付在报告期最后一年，则会直接影响当年公司报表利润，进而对公司上市或上市后市值有一定影响。

二、股权定价的要点

股权定价应把握图 7-22 所示的要点。

1	员工对公司股权价值的判断
2	不建议无偿赠予

图 7-22

3	同一批次股权激励价格应一致
4	公司如无亏损，后续实施股权激励的价格要比前一期高

图 7-22　股权定价的要点

（一）员工对公司股权价值的判断

有些公司的股东认为公司的发展非常稳健、预期利益容易实现，以较低的激励价格授予员工股权，对于原股东来说激励成本过高，因此希望能提高股权授予价格；而被激励员工则认为激励价格过高，股东诚意不足，不愿意购买激励股权。

（二）不建议无偿赠予

无偿赠予员工股权，在实践中通常不建议采用，原因如图 7-23 所示。

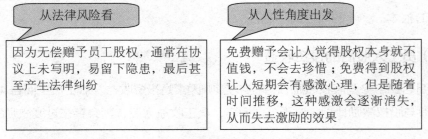

图 7-23　不建议无偿赠予股权的原因

（三）同一批次股权激励价格应一致

同一批股权激励的授予价格应该同股同价。曾经有公司尝试针对不同层级的激励对象按照不同的价格授予股票，在方案沟通环节，激励对象则纷纷对方案的公平性提出质疑。

如果公司想加强对高级别员工的激励，建议不要从价格上和其他员工进行区分，可以从数量上做区分，级别越高，授予的数量越多，亦同样可实现激励效果。从人性的角度来看，人对价格的关注远比数量多。

（四）公司如无亏损，后续实施股权激励的价格要比前期高

在正常的发展过程中，公司的规模、盈利能力、净资产会不断提升，公司的估值也同样会提升。

如公司有净资产增值（公司盈利或外部投资），公司股票存在增值收益，为体现公平，

后续授予股份的价格应该比前面批次的价格高。

三、非上市公司股权激励定价方法

通常，我国非上市公司股权激励定价方法主要有图 7-24 所示的四种。

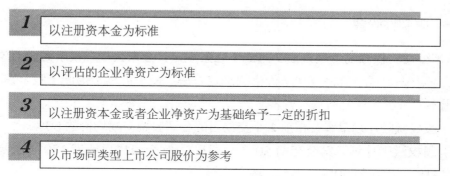

图 7-24　非上市公司股权激励定价方法

（一）以注册资本金为标准

企业以注册资本金为标准来确定股权价格，每份激励标的的获取价格直接设定为 1 元，这是最简单的定价方式，适用于注册资本金与企业净资产相差不大的企业。

（二）以评估的企业净资产为标准

通过专业的评估机构对企业的总净资产进行评估，用企业总净资产除以企业总股本获得每股净资产的价值，以每股净资产价值作为每股激励标的的获取价格。

以上情况适用于企业净资产与注册资本金相差较大的企业。

（三）以注册资本金或者企业净资产为基础给予一定的折扣

企业可以根据实际的经营情况，以注册资本或者每股净资产为基础，给予适当的折扣来确定激励标的的获取价格。这种方式较前两种方式的激励力度更大，激励对象可用较低的价格获得股权。

（四）以市场同类型上市公司股价为参考

对于高新企业，可以市场同行业同类型上市公司的股价为参考，进行一定折扣后作为股权激励的获取价格。

由于企业价值的计算方法多种多样，非上市公司股权激励获取价格的确定也有多种方法，企业应根据实际情况和经营战略来确定。

四、上市公司股权激励定价方法

上市公司在以股票进行激励时，应严格按照《上市公司股权激励管理办法》的要求执行。

（一）限制性股票

《上市公司股权激励管理办法》第二十三条规定，上市公司在授予激励对象限制性股票时，应当确定授予价格或授予价格的确定方法。授予价格不得低于股票票面金额，且原则上不得低于下列价格较高者。

（1）股权激励计划草案公布前1个交易日的公司股票交易均价的50%。

（2）股权激励计划草案公布前20个交易日、60个交易日或者120个交易日的公司股票交易均价之一的50%。

上市公司采用其他方法确定限制性股票授予价格的，应当在股权激励计划中对定价依据及定价方式作出说明。

（二）股票期权

《上市公司股权激励管理办法》第二十九条规定，上市公司在授予激励对象股票期权时，应当确定行权价格或者行权价格的确定方法。行权价格不得低于股票票面金额，且原则上不得低于下列价格较高者。

（1）股权激励计划草案公布前1个交易日的公司股票交易均价。

（2）股权激励计划草案公布前20个交易日、60个交易日或者120个交易日的公司股票交易均价之一。

上市公司采用其他方法确定行权价格的，应当在股权激励计划中对定价依据及定价方式作出说明。

 【案例】 ▶▶▶ --

某企业股票期权行权价格及其确定方法

一、行权价格

本次激励计划授予的股票期权（含预留股票期权）的行权价格为每股17.51元。

二、行权价格的确定方法

股票期权（含预留股票期权）的行权价格不低于股票票面金额，且不低于下列价格较高者。

（1）本激励计划公告前 1 个交易日的公司股票交易均价（前 1 个交易日股票交易总额／前 1 个交易日股票交易总量），为每股 17.51 元。

（2）本激励计划公告前 60 个交易日的公司股票交易均价（前 60 个交易日股票交易总额／前 60 个交易日股票交易总量），为每股 16.21 元。

第七节 确定激励的时间

定时间就是确定激励计划的时间安排，包括股权授予日、有效期、等待期、可行权日及禁售期等。通常，股权授予日与获授股权首次可以行权日之间的间隔不得少于一年，并且需要分期行权。

一、股权激励计划的有效期

股权激励计划的有效期是指股权激励计划从经过股东大会或者中国证券监督管理委员会审批生效，直至该激励计划涉及的最后一批激励标的股份（股票）行权或者解锁完毕、股权激励计划终止的期间。

当企业涉及股权激励计划的有效期时，要考虑图 7-25 所示的要素。

要素一　有效期设置应当与企业阶段性项目或者阶段性目标完成所需要的时限相一致

要素二　股权激励计划的有效期设置应当遵守法律的强制性规定

要素三　股权激励计划的有效期设置应当不超过激励对象劳动合同的有效期

图 7-25　股权激励计划有效期的考虑要素

（一）有效期设置应当与企业阶段性项目或者阶段性目标完成 所需要的时限相一致

如果企业制定的阶段性战略目标的计划完成年限是 5 年，那么，股权激励计划的有效期可以设置为 5 年或者 6 年，这种设置可以判断激励对象的努力是否达到了阶段性战略目标的要求，让股权激励计划更能与企业的发展战略紧密相关。假如股权激励计划的有效期为 4 年或者 3 年，那么，企业可能就会在激励对象未能最终完成阶段性战略目标的前提下让其把股权激励标的行权完毕，这显然不利于企业阶段性战略目标的完成。

（二）股权激励计划的有效期设置应当遵守法律的强制性规定

上市公司股权激励计划的有效期，目前法律规定最短不得低于 1 年，从授权日开始计算不得超过 10 年。对于非上市公司而言，法律没有对其有效期进行强制性规定，因此股权激励计划的有效期应根据企业的实际情况确定，一般会在 3 年至 8 年。

（三）股权激励计划的有效期设置应当不超过激励对象劳动合同的有效期

股权激励计划得以有效实施的前提是激励对象为企业所聘任的员工，而劳动合同一般都是有有效期的，股权激励计划的有效期应该不超过大多数激励对象的劳动合同有效期，以避免激励对象劳动合同期限已满，而仍处于激励计划的有效期内。如果少数激励对象的劳动合同剩余有效期太短，企业应及时根据股权激励计划的有效期对其予以延长。

二、股权激励计划的授权日（授予日）

股权激励计划的授权日是激励对象实际获得授权（股票期权、限制性股票或者虚拟股权）的日期，是股权激励计划被激励对象所接受的重要时点。在确定等待期、行权期以及失效期时，一般是以股权激励计划的授权日而非股权激励计划的生效日为起算点。

股权激励计划的生效日一般是指非上市公司股东大会审议通过之日；或者上市公司报中国证监会备案且中国证监会无异议，公司股东大会审议通过之日。而授权日是在股东大会通过后再召开董事会由董事会确定的一个具体日期，可见，授权日应当在生效日之后。对于上市公司而言，自公司股东大会审议通过股权激励计划之日起 30 日内，公司应该按相关规定召开董事会对激励对象进行授权，并完成登记、公告等相关程序。因此，授权日应在生效日之后的 30 日内确定。

（一）上市公司

对于上市公司而言，授权日必须是交易日，且不能是下列日期。

（1）上市公司定期报告公布前 30 日。

（2）重大交易或重大事项决定过程中至该事项公告后 2 个交易日。

（3）其他可能影响股价的重大事件发生之日起至公告后 2 个交易日。

（二）非上市公司

对于非上市公司而言，不存在交易日与非交易日的区别，在分批对股权激励对象集中授权的前提下，授权日的确定应考虑图 7-26 所示的因素。

因素一	授权日应当是工作日，在非工作日授权会引起麻烦
因素二	授权日与企业考核日期相适应
因素三	授权日与企业战略目标的起始日相一致，这样会使企业的战略目标与股权激励计划在时间安排上相对应

图 7-26　非上市公司授权日确定应考虑的因素

（三）滚动性地授予股权激励标的

对具体激励对象滚动性地授予股权激励标的，可以防止激励对象到期一次性套现获利出局，同时又可以使股权激励对象不时地获得股权激励收益，从而形成有效的股权激励机制。在此种激励模式下，具体授权日的确定可以参考表 7-6 所示日期。

表 7-6　滚动性地授予股权激励标的的授权日

序号	参考日期	具体说明
1	激励对象受聘日	当激励对象被聘为公司的董事、高管和核心技术人员时，董事会如果认为有必要向受聘人授予股权激励，受聘日即可以作为授权日，从一开始就将新聘员工纳入股权激励计划
2	激励对象确定晋升之日	激励对象的晋升，说明了他对公司而言更具重要性，在激励对象确定晋升之日即将激励对象纳入激励范围，授予股权激励标的，使得激励对象的命运与公司的命运更紧密地联系到了一起
3	在激励对象的业绩评定日	每年的绩效考核评定之后，对于表现特别优异的人员，即使不属于董事会事先确定的股权激励范围，也可以单独授予股权激励标的予以鼓励
4	激励对象取得技术成果之日	激励对象取得职务技术成果之日也可以作为股权激励计划的授权日
5	激励对象负责或者接管公司重要项目之日	激励对象被委派负责或者接管公司重要项目之日，可以作为授予激励标的之日，有利于激励对象尽力将项目完成而不会中途离职

三、股权激励计划的等待期

股权激励计划的等待期是指激励对象获得股权激励标的之后，需要等待一段时间，满足一系列事前约定的约束条件，才可以实际获得对激励标的的完全处分权。这一段等待的时间就叫作股权激励计划的等待期。

股权激励计划需要确定的等待期限，分为两个方面：一个是等待期限的类型，另一个是等待期限的时间长度。

（一）等待期限的类型

股权激励计划有两种等待期限的类型，如表 7-7 所示。

表 7-7　等待期限的类型

序号	类型	具体说明
1	一次性等待期限	如果股权激励计划约定激励对象可以一次性在等待期满后，行使全部权利，那么就属于一次性等待期限。例如，某一股票期权计划约定，激励对象有权在股票期权授予日起 3 年后一次性就其获得的股权激励总额全部行权。可见，在一次性等待期限的前提下，激励对象可以就激励标的一次性全部行权
2	分次等待期限	如果股权激励计划约定激励对象可分批行权、分次获得激励标的的完全处分权，那么就属于分次等待期限。例如，某一股票期权计划约定激励对象在满足行权条件时分 4 批行权，每次的行权比例为激励标的总额的 25%，等待期限分别为 1 年、2 年、3 年和 4 年

（二）等待期限的时间长度

关于等待期限的时间长度，也可以分为图 7-27 所示的两种。

股权激励计划在分批行权的前提下每一次行权所需要的等待期限

类型

股权激励计划约定的全部行权所需要的最长等待期限

图 7-27　等待期限时间长度的类型

股权激励计划等待期的时间长度并不是随意设定的，而是要求激励对象在这段时间内达到约定的业绩目标。因此，股权激励计划等待期的长短实际上与激励对象完成业绩目标所需要的时间是密切相关的。一般而言，最长等待期限应该和公司阶段性战略目标的完成时间相一致，而最短的和分批行权所间隔的等待期，一般不低于 1 年。对于上市公司股权激励计划的等待期而言，股票期权激励计划的等待期是股票期权授权日与首次可行权日之间的间隔，等待期不得短于 1 年。

（三）等待期的起算

等待期一般是以股权激励计划的授权日为起算点。

比如，某公司在 2010 年股权激励计划中对等待期有下述规定。
第一个可行权股票期权的等待期为授权日起的 12 个月。
第二个可行权股票期权的等待期为授权日起的 24 个月。
第三个可行权股票期权的等待期为授权日起的 36 个月。
第四个可行权股票期权的等待期为授权日起的 48 个月。

四、股权激励计划的可行权日与行权窗口期

股权激励计划的可行权日是指等待期满次日起至股权激励计划有效期满当日止的可以行权的期间。

（一）上市公司

对于上市公司而言，激励对象应在公司定期报告公布后第 2 个交易日至下一次定期报告公布前 10 个交易日内的所有交易日行权，但不得在下列期间内行权。
（1）业绩预告、业绩快报公告前 10 日至公告后 2 个交易日内。
（2）重大交易或重大事项决定过程中至该事项公告后 2 个交易日。
（3）其他可能影响股价的重大事件发生之日起至公告后 2 个交易日。

（二）非上市公司

从理论上而言，非上市公司可行权日也是指等待期满次日起至股权激励计划有效期满当日止的可以行权的期间内所有日期，但是鉴于非上市公司的激励对象获得股权均需要到工商登记部门进行注册，如果激励对象不能在一段时间集中行权，则会导致办理工商股权登记特别烦琐。公司可以在可行权日期内专门设立一小段时间为每年的行权窗口期，例如，每年 12 月份为行权窗口期，激励对象获得行权权利后应该在行权窗口期内统一行权，以避免麻烦。

一般而言，激励兑现必须在股权激励计划有效期内行权完毕。有效期过后，已授出但尚未行权的激励标的不得行权，未行权的激励标的由公司按规定注销或者予以回购。

五、股权激励计划的禁售期

禁售期又称强制持有期，是指激励对象行权后必须在一定时期内持有该激励标的，

不得转让、出售。设置禁售期主要是为了防止激励对象以损害公司利益为代价抛售激励标的进行短期套利行为。

在设计股权激励计划禁售期时，一般应考虑图 7–28 所示的因素。

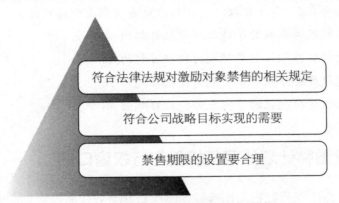

图 7-28 设计股权激励计划禁售期时应考虑的因素

（一）符合法律法规对激励对象禁售的相关规定

禁售期的设置应该符合法律法规对激励对象禁售的相关规定。激励对象转让其持有的激励标的，应当符合《公司法》《证券法》《证券交易所股票上市规则》等法律法规和规范性文件的规定。

（1）对于上市公司而言，激励对象为公司董事、其他高级管理人员，每年转让所持有的公司股票不得超过其所持有公司股票总数的 25%；在离任信息申报之日起 6 个月内，不得转让其所持有的全部公司股票；在离任信息申报之日起 6 个月后的 12 个月内，通过证券交易所挂牌交易出售的股票数量占其所持有的本公司股票总数的比例不得超过 50%。

（2）对于非上市公司而言，除非公司章程有限制性规定，否则激励对象可以自由转让其所持有的股票。

（二）符合公司战略目标实现的需要

如果实现公司的战略目标需要较长的时间，例如 8 年到 10 年，那么，激励计划的禁售期可以延长，以免激励对象套利出售后离开公司。在这种情况下，对于延长禁售期的具体规定应该体现在以下四个文件中。

（1）股权激励计划方案。

（2）激励对象的承诺书。

（3）公司章程。

（4）员工的劳动合同。

（三）禁售期限的设置要合理

激励对象禁售期的延长要合法，应当尊重员工的意见，注重内在合理性，以免激励对象对计划不予认可或者认为不公平。禁售期后的业绩如出现较大的波动，可能会损害激励对象的利益，使其原本可以实现的利益落空。

 【案例】▶▶ --

某公司股权激励计划的时间安排

某公司股权激励计划的时间安排如下。

有效期：本计划的有效期为 4 年，自股东大会审议通过之日起算，本计划的存续期届满后自行终止，也可经股东大会审议批准或根据相关法律法规的规定提前终止或延长。

授权日：在本计划报公司股东大会审议通过，且满足授予条件后的 30 日内，由公司董事会确定授予日，向激励对象授予股权激励标的，并完成登记、公告等相关程序。

等待期：等待期为授权日到首次可以行权日之间的间隔，本计划中激励对象获授股票期权的等待期根据公司上市时间确定，在等待期内不可以行权。

窗口期：本计划设 3 个行权窗口期，分别为自公司股票上市之日起的第 13 个月、第 25 个月、第 37 个月，在符合行权条件的前提下，公司受理行权申请。

锁定期：本计划授予的限制性股票自公司股票上市流通之日起 24 个月内分两期解锁，即上市满 12 个月时解锁 50%，满 24 个月时解锁 50%。

禁售期：激励对象为公司董事、高级管理人员的，其在任职期间每年转让的股份不得超过其所持有本公司股份总数的 25%；在离职后半年内，不得转让其所持有的本公司股份；申报离任 6 个月后的 12 个月内，通过证券交易所挂牌出售的本公司股份占其所持公司股份总数比例不得超过 50%。

第八节　确定激励的来源

确定激励的来源即确定用于股权激励的股份来源、资金来源。企业股权激励方案是否可行，在方案设计中明确股份来源以及其可操作性是很重要的考量因素。

一、上市公司股权激励股份来源

关于股权激励标的的来源，《上市公司股权激励管理办法》规定，拟实行股权激励计划的上市公司，可以根据本公司实际情况，以图7-29所示的方式作为标的股票的来源。

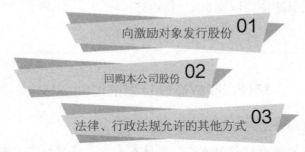

向激励对象发行股份　01

回购本公司股份　02

法律、行政法规允许的其他方式　03

图 7-29　股权激励股份的来源方式

在目前上市公司实行股权激励的实践中，使用较多的方法是向激励对象定向增发股份，这种方式不需要增加公司的现金支出压力，而且行权后公司的资本金还会有一定程度的增加，这也是上市公司采取此种方式解决标的股票来源的主要原因。

根据《股权激励有关事项备忘录2号》的规定，上市公司股东不得直接向激励对象赠予（或转让）股份。股东拟提供股份的，应当先将股份赠予（或转让）上市公司，并视为上市公司以零价格（或特定价格）向这部分股东定向回购股份。然后，按照经证监会备案无异议的股权激励计划，由上市公司将股份授予激励对象。上市公司对回购股份的授予应符合《公司法》的规定，即必须在一年内将回购股份授予激励对象。

上市公司如无特殊原因，原则上不得预留股份。确有需要预留股份的，预留比例不得超过本次股权激励计划拟授予权益数量的10%。

二、上市公司股权激励资金来源

（一）股票期权或者折价购股型限制性股票的股权激励模式

如果上市公司采用股票期权或者折价购股型限制性股票的股权激励模式，即股权激励的标的是增量，是上市公司进行定向增发后取得的股权激励标的股票。在此种情况下，激励对象必须自己筹集购股资金。根据相关法规规定，上市公司不得为激励对象筹集购股资金提供资助或者为激励对象的借款提供担保。同时，在定向增发的模式下，上市公司提取的激励基金也不得用于资助激励对象购买限制性股票或者行使股票期权。

（二）折扣购股型限制性股票的股权激励模式

如果上市公司采用的是折扣购股型限制性股票的股权激励模式，即股权激励的标的股票是存量，根据《股权激励有关事项备忘录 1 号》的规定，上市公司在符合现行法律法规、会计准则并遵守公司章程及相关议事规程的条件下，可以提取激励基金，用于从二级市场上回购本公司股票进行股权激励。

三、非上市公司股权激励股份来源

对于非上市有限责任公司而言，不能通过回购公司的股份来进行股权激励。因此只能通过图 7-30 所示的两种途径取得股权。

原有股东转让部分股权

存在多人股东的情况下，以此种方式获得股权会涉及是由所有原有股东按持股比例转让还是只由控股股东转让的问题，对此，各公司应根据自己的实际情况予以确定

增资扩股

公司经过股东大会 2/3 以上持股股东决议同意后，可采用增资扩股的方式进行股权激励。行权后，公司应进行注册资本变更，这种方式可以扩大注册资本金的规模，是较好解决股权激励标的来源的方式

图 7-30　非上市公司股权激励的股份来源

对于非上市股份有限公司而言，除了可以采用原有股东转让以及增资扩股方式取得股权激励标的股份之外，还可以通过回购本公司股份的方式取得。因为要进行股权激励而收购本公司股份的，应当经过股东大会的决议。

四、非上市公司股权激励资金来源

非上市公司激励对象取得股权激励标的没有法律上的强制性规定，所以其资金来源有多种途径。一般而言，激励对象购买股权激励标的的资金来源有表 7-8 所示的几种。

表 7-8　非上市公司激励对象购买股权的资金来源

序号	资金来源	具体说明
1	激励对象自筹资金	非上市公司按注册资本金或者每股净资产的一定折扣授予激励对象激励标的股份时，一般要求激励对象自筹资金购买公司股份，因为公司已经给了激励对象一定的折让
2	从激励对象的工资或者奖金中扣除	在很多情形下，激励对象不愿掏腰包购股，公司可以考虑从其工资或者奖金中扣除一部分，作为购买股权激励标的的资金。当然，公司采取这种方式实施股权激励计划时，要取得激励对象的同意
3	公司或者股东借款给激励对象或者为激励对象的借款提供担保	在非上市公司中，法律并不限制公司或者股东借款给激励对象或者为激励对象的借款提供担保。因此，为了鼓励激励对象购买股份，也可以采取这种方式作为激励对象筹集资金的来源

第九节　确定激励的条件

虽然确定了股权激励对象，但激励对象的行权条件也是股权激励计划实施过程中的关键问题。一般来说，激励对象必须达到或满足一定的条件，才能获取股权。

一、上市公司股权激励授予和行权条件

（一）上市公司股权激励计划的授予条件

（1）《上市公司股权激励管理办法》第七条规定，上市公司具有下列情形之一的，不得实行股权激励：

①最近一个会计年度财务会计报告被注册会计师出具否定意见或者无法表示意见的审计报告；

②最近一个会计年度财务报告内部控制被注册会计师出具否定意见或无法表示意见的审计报告；

③上市后最近 36 个月内出现过未按法律法规、公司章程、公开承诺进行利润分配的情形；

④法律法规规定不得实行股权激励的；

⑤中国证监会认定的其他情形。

（2）《上市公司股权激励管理办法》第八条规定，激励对象可以包括上市公司的董事、高级管理人员、核心技术人员或者核心业务人员，以及公司认为应当激励的对公司经营业绩和未来发展有直接影响的其他员工，但不应当包括独立董事和监事。外籍员工任职上市公司董事、高级管理人员、核心技术人员或者核心业务人员的，可以成为激励对象。单独或合计持有上市公司 5% 以上股份的股东或实际控制人及其配偶、父母、子女，不得成为激励对象。下列人员也不得成为激励对象：

①最近 12 个月内被证券交易所认定为不适当人选；

②最近 12 个月内被中国证监会及其派出机构认定为不适当人选；

③最近 12 个月内因重大违法违规行为被中国证监会及其派出机构行政处罚或者采取市场禁入措施；

④具有《公司法》规定的不得担任公司董事、高级管理人员情形的；

⑤法律法规规定不得参与上市公司股权激励的；

⑥中国证监会认定的其他情形。

（二）上市公司股权激励计划的行权条件

股权激励计划的行权条件实际上是对股权激励计划所要达到绩效的考核条件，这种绩效考核分为两类：一类是对激励对象的绩效考核；另一类是对公司经营业绩的考核。股权激励计划的行权条件，体现了公司股东即投资人的意志，是公司股东对授予股权激励标的后的预期回报要求；是所谓的股权激励的触发门槛；是管理层努力为股东获得超额回报的标准。

对于上市公司而言，股权激励计划的行权条件中最基本的一条是，激励对象和实施股权激励计划的上市公司在行权条件达成时，仍需要符合激励对象和实施股权激励计划的上市公司各自的获授与授予条件。

激励对象要达到行权条件，除了要符合激励对象的获授条件以外，公司一般会要求激励对象行权的上一年度的绩效考核为合格或者良好。上市公司实施股权激励计划的行权条件（考核业绩条件），根据《上市公司股权激励管理办法》规定，可根据自身情况，设定适合于本公司的绩效考核指标。绩效考核指标应包含财务指标和非财务指标。

> **小提示**
>
> 绩效考核指标如涉及会计利润，应采用按新会计准则计算、扣除非经常性损益后的净利润。同时，股权激励成本应在经常性损益中列支。

二、非上市公司股权激励授予和行权条件

（一）非上市公司股权激励计划的授予条件

非上市公司的股权激励计划并没有法定的授予条件，所以公司可以灵活地决定是否要设置股权激励计划的授予条件。一般而言，不用对非上市公司设置激励对象主体资格条件，因为如果公司根本就不符合股权激励计划的授予条件，那么又如何实施股权激励计划？非上市公司虽然可以不设置激励对象的授予条件，但是为了确保股权激励计划的公平性，可以规定明确的授予条件，这样可以避免内部员工的猜忌。

虽然上市公司对激励对象的获授资格有法定的约束条件，但是这些法定条件只是资格性的条件，无法说明为何有些员工可获得股权激励资格而有些员工却没有获得股权激励资格。所以，非上市公司需要制定比法定约束条件更加严格的约束条件，以缩小股权激励计划的激励对象范围。

（二）非上市公司股权激励计划的行权条件

非上市公司股权激励计划的行权条件比上市公司的规定更加灵活，但基本内容是一致的。例如，对激励对象行权条件的要求，一般也是行权的上一年度的绩效考核为合格或者良好。公司也应该根据自身情况，设定适合本公司的绩效考核指标。

公司具体选择什么样的业绩考核指标，取决于公司所处行业的特点、公司战略规划和达标难度等情况。一般而言，公司可以在下列三类业绩指标中选取适合自己的考核指标。

（1）反映股东回报和公司价值创造的综合性指标，如净资产收益率（ROE）、经济增加值（EVA）、每股收益等。

（2）反映公司盈利能力及市场价值的成长性指标，如净利润增长率、主营业务收入增长率、公司总市值增长率等。

（3）反映企业收益质量的指标，如主营业务利润占利润总额比重、现金营运指数等。

🔍【案例】▶▶ --

某企业股票期权授予/行权的条件及安排

一、股票期权的授予条件

同时满足下列授予条件时，公司应向激励对象授予股票期权；反之，若下列任一授予条件未达成的，则不能向激励对象授予股票期权。

1. 公司未发生以下任一情形。

（1）最近一个会计年度财务会计报告被注册会计师出具否定意见或者无法表示意见的审计报告。

（2）最近一个会计年度财务报告内部控制被注册会计师出具否定意见或者无法表示意见的审计报告。

（3）上市后最近36个月内出现过未按法律法规、公司章程、公开承诺进行利润分配的情形。

（4）法律法规规定不得实行股权激励的。

（5）中国证监会认定的其他情形。

2. 激励对象未发生以下任一情形。

（1）最近12个月内被证券交易所认定为不适当人选。

（2）最近12个月内被中国证监会及其派出机构认定为不适当人选。

（3）最近12个月内因重大违法违规行为被中国证监会及其派出机构行政处罚或者采取市场禁入措施。

（4）具有《公司法》规定的不得担任公司董事、高级管理人员的情形。

（5）法律法规规定不得参与上市公司股权激励的。

（6）中国证监会认定的其他情形。

二、股票期权的行权条件

行权期内，同时满足下列条件时，激励对象获授的股票期权方可行权。

1. 公司未发生以下任一情形。

（1）最近一个会计年度财务会计报告被注册会计师出具否定意见或者无法表示意见的审计报告。

（2）最近一个会计年度财务报告内部控制被注册会计师出具否定意见或者无法表示意见的审计报告。

（3）上市后最近36个月内出现过未按法律法规、公司章程、公开承诺进行利润分配的情形。

（4）法律法规规定不得实行股权激励的。

（5）中国证监会认定的其他情形。

2. 激励对象未发生以下任一情形。

（1）最近12个月内被证券交易所认定为不适当人选。

（2）最近12个月内被中国证监会及其派出机构认定为不适当人选。

（3）最近12个月内因重大违法违规行为被中国证监会及其派出机构行政处罚或者采取市场禁入措施。

（4）具有《公司法》规定的不得担任公司董事、高级管理人员的情形。

（5）法律法规规定不得参与上市公司股权激励的。

（6）中国证监会认定的其他情形。

公司发生上述第1条规定情形之一的，所有激励对象根据本激励计划已获授但尚未行权的股票期权应当由公司注销；某一激励对象发生上述第2条规定情形之一的，该激励对象根据本激励计划已获授但尚未行权的股票期权应当由公司注销。

3. 公司业绩考核指标

本激励计划在2018～2020年会计年度中，分年度对公司的业绩指标进行考核，以达到业绩考核目标作为激励对象当年度的行权条件之一。本激励计划业绩考核目标如下表所示。

行权期		业绩考核目标
首次授予的股票期权	第一个行权期	2018年净利润不低于3.8亿元
	第二个行权期	2019年净利润不低于4.5亿元
	第三个行权期	2020年净利润不低于5.5亿元
预留授予的股票期权	第一个行权期	2019年净利润不低于4.5亿元
	第二个行权期	2020年净利润不低于5.5亿元

注：上述各指标计算时使用的净利润为经审计的归属于母公司所有者的净利润。

公司未满足上述业绩考核目标的，所有激励对象对应考核当年所获授的股票期权由公司注销。

4. 个人绩效考核要求

根据公司考核管理办法，激励对象考核结果为 B 级（表现优良）及以上的，可以行权，C、D、E 级均不能行权。

个人业绩考核结果与股票期权行权的系数规定如下表所示。

考核结果	A 级	B 级	C 级	D 级	E 级
行权系数	1	1	0	0	0

5. 考核指标的科学性和合理性说明

公司股票期权考核指标分为两个层次，分别为公司层面业绩考核与个人层面绩效考核。

公司层面业绩指标体系为净利润，净利润指标反映公司经营情况及公司成长性。在综合考虑了行业发展状况、市场竞争情况以及公司未来的发展规划等相关因素的基础上，公司为本次股票期权激励计划设定了 2018 年、2019 年及 2020 年净利润分别达到 3.8 亿元、4.5 亿元及 5.5 亿元的业绩考核目标。考核指标的设定有利于调动激励对象的积极性和创造性，确保公司未来发展战略和经营目标的实现，从而为股东带来更多回报。

除公司层面的业绩考核外，公司对个人还设置了绩效考核体系，能够对激励对象的工作绩效作出较为准确、全面的综合评价。公司将根据激励对象前一年度绩效考评结果，确定激励对象个人是否达到行权的条件。

综上，公司本次激励计划的考核体系具有全面性、综合性及可操作性，考核指标设定具有良好的科学性和合理性，同时对激励对象具有约束效果，能够达到本次激励计划的考核目的。

三、股票期权的行权安排

首次授予的股票期权自授予日起 12 个月后，满足行权条件的，激励对象可以分三期申请行权。具体行权安排如下表所示。

具体行权安排表

行权期	行权时间	可行权比例
首次授予股票期权的第一个行权期	自首次授予起满 12 个月后的首个交易日至授予日起 24 个月内的最后一个交易日	40%
首次授予股票期权的第二个行权期	自首次授予起满 24 个月后的首个交易日至授予日起 36 个月内的最后一个交易日	30%
首次授予股票期权的第三个行权期	自首次授予起满 36 个月后的首个交易日至授予日起 48 个月内的最后一个交易日	30%

预留的股票期权自该部分股票期权授予日起 12 个月后，满足行权条件的，激励对象在行权期内按 50%、50% 的行权比例分两期行权，如下表所示。

预留的股票期权分两期行权

行权期	行权时间	可行权比例
预留股票期权的第一个行权期	自该部分股票授予日起满 12 个月后的首个交易日至授予日起 24 个月内的最后一个交易日	50%
预留股票期权的第二个行权期	自该部分股票授予日起满 24 个月后的首个交易日至授予日起 36 个月内的最后一个交易日	50%

在行权期内，若当期达到行权条件，激励对象可对相应比例的股票期权申请行权。未按期申请行权的部分不再行权并由公司注销；若行权期内任何一期未达到行权条件，则当期可行权的股票期权不得行权并由公司注销。

第十节 确定激励的机制

股权激励计划的设计、实施是一个长期系统的工程。在实施过程中，可能会因公司或激励对象个人发生变化，而需要对股权激励计划进行调整，因此应当制定一系列的调整机制、退出机制等来保障股权激励计划的有效实施。

一、股权激励计划的管理机制

股权激励计划的管理分为公司层面管理和政府层面管理，政府层面的管理以证监会等部门的相关制度为准；在公司层面，股权激励的决策机构是股东大会，日常的领导和管理由董事会负责，一般情况下，董事会下设薪酬委员会，负责股权激励计划的具体管理，股权激励工作的监督一般由监事会负责。

二、股权激励计划的调整机制

股权激励计划的调整是指在公司授予激励对象股权激励标的之后至激励对象行权当日止的期间内，公司发生资本公积金转增股本、派送股票红利、股票拆细或缩股、配股等事项时，为维护激励对象的预期利益，保证股权激励计划的公平性，公司对激励对象获授的股权激励标的数量以及价格进行相应调整的行为。经过调整，激励对象实际可以获得的股权激励标的数量以及价格为调整后的股权激励标的数量以及价格。

（一）股权激励计划的调整情形

股权激励计划的调整包括以下两种情况。

（1）正常股份变动下的调整，如送股、配股、增发新股、换股、派发现金股息等。

（2）公司发生重大行为时的调整，如公司在生产经营中发生并购、控制权发生变化等。

（二）股权激励标的数量的调整方法

股权激励标的数量的调整方法如表 7-9 所示。

表 7-9　股权激励标的数量的调整方法

序号	调整事项	调整方法
1	公司发生资本公积金转增股本、派送股票红利、股票拆细等事项	调整后的股权激励标的数量 = 调整前的股权激励标的数量 ×（1+ 每股的资本公积金转增股本、派送股票红利、股票拆细的比率）。其中，每股的资本公积金转增股本、派送股票红利、股票拆细的比率为每股股票经转增、送股或拆细后增加的股票数量
2	公司发生缩股事项	调整后的股权激励标的数量 = 调整前的股权激励标的数量 × 缩股比例（原 1 股公司股票缩为多少股公司股票）
3	公司发生配股事项	调整后的股权激励标的数量 = 调整前的股权激励标的数量 × 配股股权登记日当日收盘价 ×（1+ 配股比例）÷（配股股权登记日当日收盘价 + 配股价格 × 配股比例），其中，配股比例为配股的股数与配股前公司总股本的比例

（三）股权激励标的行权价格的调整方法

股权激励标的行权价格的调整方法如表 7-10 所示。

表 7-10　股权激励标的行权价格的调整方法

序号	调整事项	调整方法
1	公司发生资本公积金转增股本、派送股票红利、股票拆细等事项	调整后的股权激励标的的行权价格 = 调整前的行权价格 ÷（1+ 每股的资本公积金转增股本、派送股票红利、股票拆细的比率）
2	公司发生缩股事项	调整后的股权激励标的的行权价格 = 调整前的行权价格 ÷ 缩股比例
3	公司发生派息事项	调整后的股权激励标的的行权价格 = 调整前的行权价格 - 每股的派息额
4	公司发生配股事项	调整后的股权激励标的的行权价格 = 调整前的行权价格 ×（股权登记日当天收盘价 + 配股价格 × 配股比例）÷[股权登记日当天收盘价 ×（1+ 配股比例）]

（四）股权激励计划调整的程序

一般而言，公司股东大会授权公司董事会依据股权激励计划所列明的资本公积金转增股本、派送股票红利、股票拆细或缩股、配股、派息等事项，调整股权激励标的的数量和行权价格。针对这些事项所进行的调整以及调整方法一般在股权激励计划草案中会事先设计好，所以，遇到调整时公司只要通知激励对象即可。对上市公司而言，董事会调整股票期权数量和行权价格后，还应按照有关法规或主管机关的要求进行审批或备案并及时公告。

三、股权激励计划的修改机制

除了公司资本公积金转增股本、派送股票红利、股票拆细或缩股、配股、派息等事项外，需要调整股权激励标的数量、行权价格或其他条款的，也应该认定为对原股权激励计划的修改。这种修改会严重影响激励对象以及股东的预期利益，所以这种情况下的修改应该征得激励对象的同意，由公司董事会作出决议并经股东大会审议批准。

股权激励计划的修改有图 7-31 所示的情形。

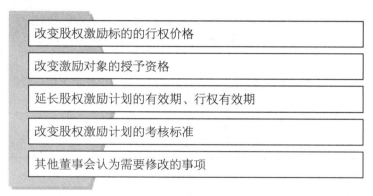

图 7-31 股权激励计划的修改

四、股权激励计划的变更机制

（一）公司控制权发生变化时股权激励计划的变更

一般而言，若公司发生控制权变更、合并、分立，所有已授出的股权激励标的不做变更，股权激励计划不做改变，激励对象不能加速行权。但若公司因控制权变更、合并、分立导致股权激励计划涉及的股权激励标的发生变化，则应对激励标的进行调整，以保证激励对象的预期收益不变。

（二）激励对象发生变化时股权激励计划的变更

激励对象发生变化时股权激励计划的变更情形如表 7-11 所示。

表 7-11　激励对象发生变化时股权激励计划的变更

序号	变更情形	具体说明
1	正常职务变更	激励对象职务发生正常变更，但仍担任公司行政职务，如董事、其他高级管理人员，其所获授的股权激励标的不作变更
2	职务降职	激励对象因不能胜任工作岗位、考核不合格、触犯法律、泄露公司机密、失职或渎职等严重损害公司利益或声誉而导致的职务降职，经公司董事会薪酬与考核委员会批准并报公司董事会备案，可以取消激励对象尚未行权的股权激励标的
3	不符合资格	若激励对象成为独立董事、监事或其他不能持有公司股票或其他股权激励标的的人员，一般应取消其所有尚未行权的股权激励标的
4	解聘离职	激励对象因触犯法律、泄露公司机密、失职或渎职等严重损害公司利益或声誉而被公司解聘的，一般自离职之日起所有未行权的股权激励标的即被取消
5	其他离职	激励对象自解除与公司的雇佣关系正常离职之日起所有未行权的股票期权即被取消。激励对象因达到国家和公司规定的退休年龄而退休的，其所获授的股权激励标的不做变更，仍可按规定行权
6	死亡	激励对象死亡的，自死亡之日起所有未行权的股权激励标的即被取消。但激励对象因执行职务死亡的，公司应视情况根据激励对象被取消的股权激励标的的价值对激励对象进行合理补偿，由其继承人继承
7	丧失劳动能力	激励对象因执行职务负伤而导致丧失劳动能力的，其所获授的股权激励标的不做变更，仍可按规定行权

五、股权激励计划的终止机制

（一）因公司不够实施股权激励计划资格而终止

公司发生下列情形之一，应当终止实施股权激励计划，激励对象根据激励计划已获授权但尚未行使的股权激励标的应当终止行使，由公司收回后予以注销。

（1）最近一个会计年度财务会计报告被注册会计师出具否定意见或者无法表示意见的审计报告。

（2）最近一年内因重大违法违规行为被中国证监会予以行政处罚。

（3）中国证监会认定的不能实行股权激励计划的其他情形。

（二）因激励对象不够获得股权激励标的资格而终止

在激励计划实施过程中，激励对象出现下列情形之一的，其已获授但尚未行使的股权激励标的应当终止行使，由公司收回并注销。

（1）最近3年内被证券交易所公开谴责或宣布为不适当人选的。

（2）最近3年内因重大违法违规行为被中国证监会予以行政处罚的。

（3）具有《公司法》规定的不得担任公司董事、监事、高级管理人员情形的。

（三）因为其他原因而终止股权激励计划

董事会认为有必要时，可提请股东大会终止实施激励计划。股东大会决议通过之日起，激励对象已获准行权但尚未行权的股权激励标的终止行权并被注销，未获准行权的股权激励标的予以作废。在实践中，公司董事会会因为股权激励计划无法实施而主动撤销股权激励计划，以便在合适的时机实施新一轮的股权激励计划。

六、股权激励计划的退出机制

（一）为什么要有退出机制

若没有退出机制，当员工离职后，公司则无法回收激励股权，从而影响公司今后股权激励计划的实施和公司的正常运营。

（1）当激励对象没有达到服务期要求，或者公司没有达到约定的业绩标准时，可通过退出机制收回已经授出的激励股权，这样才不违背实施股权激励的初衷。

（2）公司不断发展壮大，人员不断扩充，如果没有退出机制，很可能会面临无股激励的境地。通过退出机制收回离职人员手中的股权，可用于新进人员的激励以及原有人员的持续激励。

（3）非上市公司股权的流通性较弱，拟上市公司的上市之路也存在着很大的变数，不同情形下退出机制的设计能够在很大程度上降低员工承担的风险，从而提高其参与激励计划的积极性。

（二）关于退出方式的约定

在股权激励中，关于退出方式的约定包括图7-32所示的两个方面。

对于员工非过错性退出，公司一般愿意以一定的价格回购；但对于过错性退出，公司大多希望以低于员工认购时的价格甚至是零元进行回购，并写入相应的股权激励协议文件中。

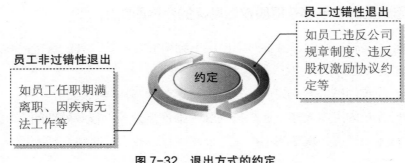

图 7-32　退出方式的约定

（三）股权激励回收、回购的范围

1. 已经行权的股权

已经行权的股权是员工在达到公司业绩标准后以协议规定的价格购买的股权。对于实施股权激励的公司来说，员工离职后仍持有公司股权，违背了股权激励的初衷。因此，公司一般在股权激励协议中约定，员工正常离职后，公司有权按照约定的价格，对员工持有的股权进行回购。

2. 已成熟未行权的股权

已经成熟的股权是员工达到公司授予条件后所获得的行权资格。若在行权窗口期内，员工决定离职，则员工仍有权选择是否行权，若员工选择行权，则先按照协议的行权价格购买该部分股权，然后再由公司予以回购；若员工放弃行权，则该部分股权由公司回收。

3. 未成熟的股权

这部分股权仍归公司所有，员工没有达到行权条件，公司全部收回，放入公司期权池。

（四）股权回购价格设置方案

正常情况下（员工在公司工作 3 年以上），常见的回购价格设置有以下三种方案。

（1）直接按照行权价格的一定倍数回购（常见的为行权价的 1 ~ 3 倍）。这种情况一般适用于公司刚起步阶段，其市场估值不确定性较大。直接约定一个固定的回购价格有利于提升激励对象对公司的认可及信任。

（2）以公司回购前最新一轮融资估值的一定折扣作为回购价格。当公司发展进入较为稳定的中后期，其融资估值也比较接近真实的市场公允价。建议按照一定折扣计算回购价格，因为估值作为投资人对公司未来价值的认可，与现阶段公司发展水平或有一定差距，若完全按照估值回购，可能对公司现金流造成压力。

（3）以公司回购前一年底的净资产评估计算的每股所得作为回购价格。这种情况适用于重资产传统企业。

小提示

　　建议在设置回购价格时，公司在条款中明确回购价格的计算标准，尽可能避免"一定比例""一定折扣"等模糊字样，以便激励双方在协议回购时达成一致，减少纠纷风险。

 相关链接

非上市企业如何确定退出机制才能避免法律纠纷

　　为规避法律纠纷，非上市企业在推行股权激励方案前应事先明确退出机制，针对不同的激励方式，分别采用不同的退出机制。

　　1. 现金结算类激励方式

　　针对现金结算类激励方式，要根据具体情况来确定退出办法。

　　（1）合同期满、法定退休等正常离职，已实现的激励成果归激励对象所有，未实现部分则由企业收回。若激励对象离开企业后还会在一定程度上影响企业的经营业绩，则未实现部分也可予以保留，以激励其继续关注企业的发展。

　　（2）辞职、辞退等非正常退出，除了未实现部分自动作废之外，已实现部分的收益可归激励对象所有。

　　（3）激励对象连续几次未达到业绩指标，则激励资格自动取消。此时默认此激励对象不是企业所需的人力资本，当然也没有资格获取人力资本收益。

　　2. 直接实股激励方式

　　在直接实股激励方式中，激励对象直接获得实际股权，成为企业真正的股东。通过股权激励协议约定强制退出条款而要求激励对象转让股权存在较大困难，需要明确以下事项。

　　（1）关于强制退股规定的效力

　　激励对象取得企业实际股权后应当变更公司章程，章程对企业及股东均有约束力。变更后的章程应规定，满足特定条件时某股东应当强制退股，该规定可以视作全体股东的约定。在该条件满足时，特定股东应当退股。

　　同时应注意企业存续过程中章程的修改，规定强制退股条件，要分情况看待。对于赞成章程修改的股东来说，在他满足强制退股条件时，章程的规定对他有效；对于反对章程修改的股东来说，即使章程已通过，强制退股的规定对他也不具有效力。

在此应特别注意：股东资格只能主动放弃，不能被动剥夺。章程或激励协议通过特殊条款约定强制退股的，可能因违反关于股东不得抽逃出资的强制性规定而被认定无效，对激励对象仅起到协议约束的效果。

（2）退股的转让价格或回购价格

股权激励协议中一般规定了强制退出股份转让价格和回购价格的计算方法。退出股份经常按照激励对象原始购买价格或原始购买价格加利息作价。但资产收益是股东的固有权利，不能被强制剥夺，资产收益体现在利润分配、剩余资产分配和转让股份获益三方面。股东退股有权以市场价值作价。再者，在企业亏损时，如以原价或原价加利息作价，则对其他股东不公平或涉嫌抽逃。因此，在股权激励设计方案中，将退股的转让价格约定为企业实际账面净资产价值或市场公允价值较为妥当。

（3）协议能否规定只向特定股东转让

上述规定往往会侵犯其他股东的优先购买权，优先购买权也是股东的固有权利，非经其同意，不得被剥夺。因此，在股权激励协议中应约定或另行出具其他股东承诺，放弃优先购买权。

学习笔记

通过学习本章内容，想必您已经有了不少学习心得，请仔细写下来，以便继续巩固学习。如果您在学习中遇到了一些难点，也请如实写下来，以便今后重复学习，彻底解决这些难点。

我的学习心得：

1. _____
   _____
2. _____
   _____
3. _____
   _____
4. _____
   _____
5. _____
   _____

我的学习难点：

1. _____
   _____
2. _____
   _____
3. _____
   _____
4. _____
   _____
5. _____
   _____